ENGLISH

FACIL Y RAPIDO

by Alicia Arnaldo
Our Lady of Perpetual Help High School, Brooklyn, New York
and
Anita G. Dente
Chairman, Department of Foreign Languages
Our Lady of Perpetual Help High School, Brooklyn, New York

Para ayudarlo a marchar en su estudio, hemos incluido relojes de tiempo como el que ven arriba para marcar cada intervalo de quince minutos. Usted puede leer una de estas unidades o lecciones cada día o seguir al paso de sus necesidades.

CONTENTS

Cover and Book Design Milton Glaser, Inc.
Illustrations Juan Suarez

All inquiries should be addressed to:
Barron's Educational Series, Inc.
250 Wireless Boulevard
Hauppauge, New York 11788

Library of Congress Catalog Card No. 90-44423

International Standard Book No. 0-8120-4364-2

Library of Congress Cataloging-in-Publication Data
Arnaldo, Alicia.
Aprenda inglés (English) fácil y rápido by Alicia Arnaldo and Anita G. Dente.
p. cm.
ISBN 0-8120-4364-2
1. English language — Textbooks for foreign speakers — Spanish. I. Dente, Anita G. II. Title.
PE1129.S8A72 1990 90-44423
428.3′461 — dc20 CIP

PRINTED IN THE UNITED STATES OF AMERICA
3 880 10 9876543

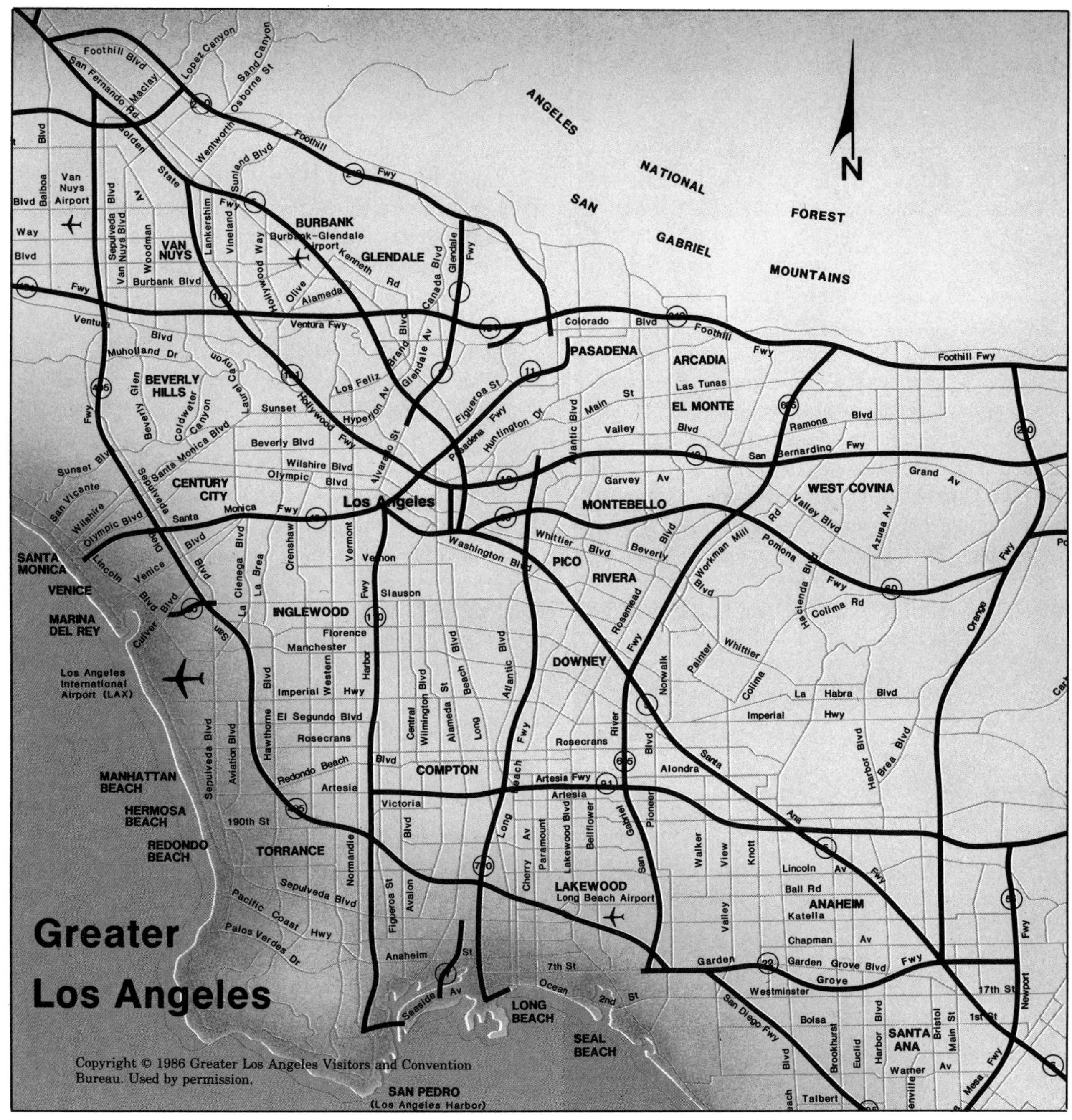

¡Felicidades queridos amigos! Comprar este libro fue una idea fantástica porque le ayudará a aprender rápidamente uno de los idiomas más importantes del mundo. Por supuesto, las lenguas romances pueden ser más hermosas de escuchar, pero el inglés es sin lugar a dudas la lengua más útil y necesaria en el mundo de hoy.

Y uno de los primeros usos de esta nueva lengua será ayudarle a conocer este país maravilloso llamado los Estados Unidos. Dependiendo de la duración de su visita, hay muchos lugares que le recomendaríamos ver, pero para mantener nuestra lista posible y práctica, solamente incluiremos unos cuantos.

Por supuesto, ningún viaje a los Estados Unidos sería completo sin una visita a la ciudad de Nueva York. Con sus ocho millones de habitantes, la mayoría de los cuales son de familias de inmigrantes, una visita a Nueva York—o "The Big Apple" (la Manzana Grande) como se le llama—es realmente muy parecido a un viaje alrededor del mundo. Mientras esté en N.Y.C. (la Ciudad de Nueva York), esté seguro de ver la Estatua de la Libertad, el Edificio Empire State o el World Trade Center (el rascacielo más alto de N.Y.C.), Las Naciones Unidas, Wall Street (el centro financiero de América) y cualquiera de los grandes puntos de interés cultural, como el Museo Metropolitano de Arte, el Lincoln Center o La Catedral de San Patricio, para nombrar unos pocos.

Como la mayoría de los americanos enseguida le dirán, Nueva York no es la única ciudad americana, y por eso usted podrá querer ver otras. Chicago es la metrópoli del Medio Oeste, y la casa de la famosa "Miracle Mile" en las orillas del lago Michigan, uno de los barrios más elegantes de los Estados Unidos.

También usted querrá viajar a Washington Distrito Federal para ver el centro del gobierno americano, con sus famosos la Casa Blanca y el Capitolio.

Un viaje a Filadelfia le dará una buena idea de la primitiva historia de América, y una visita a la famosa Campana de la Libertad (Liberty Bell) hace que valga la pena el viaje.

Por supuesto, también están Orlando, Florida, con su Disneyworld (el mundo de W. Disney); St. Louis, la entrada al Oeste; Los Angeles, con su famosa atracción turística, Hollywood (el hogar de las películas); y hasta San Francisco, con su fabuloso puente Golden Gate.

Pero, a pesar del tiempo que usted permanezca o todo lo que usted vea, ¡bienvenidos a los Estados Unidos! Esperamos que tenga muchos momentos felices visitando sus ciudades y usando su nueva lengua, el inglés.

Pronunciación

A diferencia del español, que se escribe como se pronuncia, en inglés hay muchas variaciones en la ortografía, las cuales muchas veces hacen difícil el hablar la lengua. Sin embargo, los sonidos básicos son semejantes a los del inglés, y como nosotros incluimos la pronunciación de las palabras difíciles según ellas aparecen, usted no tendrá problema en hacerse comprender.

Aquí siguen los sonidos básicos del inglés.

INGLES	EJEMPLOS	SIMBOLO
	VOWELS	
a in f**a**ther (padre)	**a** en c**a**sa	a
a in c**a**t (gato)	ninguno (**a** con boca en sonrisa)	a
a in h**a**te (odio)	**ei** en b**éi**sbol	ei
e in g**e**t (coger)	**e** en p**e**ro	e
e in f**ee**t (pies)	**i** en s**i**n	i
i in **i**ce (hielo)	**ay** en h**ay**	ai
i in **i**t (lo)	ninguno (**i** con boca estrecha)	i
i in mach**i**ne (máquina)	**i** en **i**da	i
o in t**o**e (dedo)	**o** en c**o**mo	o
o in **o**r (o)	**o** en **o**rden	o
oo in b**oo**t (botas)	**u** en C**u**ba	u
u in c**u**te (linda)	**yu** en **yu**nque	yu
u in c**u**t (cortar)	ninguno (**a** con boca estrecha)	u
	CONSONANTS	
b in **b**arber (peluquero)	**b** en Ro**b**erto	b
c in **c**ar (coche), **c**old (frío), **c**ute	**c** en **c**asa **c**osa, **c**urioso	k
c in **c**ent (peseta), **c**ity (ciudad)	**c** en **c**entro, **c**igarro	s
ch in **ch**eck (cheque)	**ch** en mu**ch**os	ch
d in **d**entist (dentista)	**d** en **d**iente	d
f in **f**arm (granja)	**f** en **f**avor	f

INGLES	EJEMPLOS	SIMBOLO
g in **g**ame (partida), **g**o (ir), **g**um (goma)	**g** en **g**afas, **g**ordo, **g**usta	g
g in **g**erm (germen), **g**iant (gigante)	**ll** en **ll**amar (en Sud América)	ch
h in **h**ome (casa)	**j** en **j**ardín	j
h in **h**our (hora)	muda como hora	
j in **j**ar (jarra)	**ll** en **ll**amar	ch
k in **k**iss (beso)	**qu** en **qu**eso	k
l in **l**emon (limón)	**l** en **l**ástima	l
m in **m**usic (música)	**m** en **m**ujer	m
n in **n**ame (nombre)	**n** en **n**ombre	n
p in **p**ark (parque)	**p** en **p**atata	p
q in **q**uick (pronto)	**q** en **q**ui	k
r in **r**ose (rosa)	**r** en se**r**eno (sin gorjeo)	r
s in **s**in (pecado)	**s** en **s**onido	s
s in his (su)	**z** en **z**apatos	z
sh in **sh**ower (ducha)	no hay equivalente en español	usamos ch para señalar este sonido
t in **t**omorrow (mañana)	**t** en **t**ocar	t
th in **th**is (este)	no hay equivalente en español para este sonido, pero se pronuncia con un ceceo, con la lengua entre los dientes (como una *z* en España)	usamos t' para señalar este sonido
v in **v**acation (vacaciones)	siempre como labio-dental	v
w in **w**ork (trabajo)	**u**+vowel como un *ue*	u+vowel
x in e**x**-wife (ex-esposa)	**x** en é**x**ito	x
x in **x**ylophone	**x** en **x**ilófono	z
y in **y**es (sí)	**y** en **y**a	y
z in **z**ebra (cebra)	**z** en **z**apatos (con sonido de una abeja)	z

SE CONOCE A LA GENTE

(GUE-ting) (tu) (no) (PI-pel)
Getting to Know People

1 Let's Converse

(lets) (kon-VERS)
Vamos a conversar

Como usted está aquí en los Estados Unidos, una de las primeras cosas que usted querrá hacer es conocer a algunas personas y tener una conversación agradable. Para esto, usted necesitará expresiones útiles para empezar la conversación. Usted encontrará algunas que puede usar en estas conversaciones fáciles. Subráyelas y así podrá recordarlas mejor.

(KE-ne-di)
Carlos López, su esposa María, su hija y su hijo acaban de llegar al aeropuerto Kennedy, cerca de Nueva York, y están buscando su equipaje, el eterno problema para todos los viajeros. Carlos se acerca a un empleado de la línea aérea:

(ai) (SUT-queis-es)
CARLOS **Good morning, sir. I am looking for my suitcases.**
Buenos días señor busco mis maletas.

(O-kei) (uats) (yor) (neim)
EMPLOYEE **O.K. What's your name?**
Bien ¿Cómo se llama usted?

(mai)
CARLOS **My name is Carlos López.**
Me llamo Carlos López.

(uer) (du) (yu) (kam) (fram)
EMPLOYEE **Where do you come from?**
¿De dónde viene?

CARLOS **I come from Puerto Rico.**
Vengo de Puerto Rico.

(uat) (iz) (t'e) (NOM-ber) (flait)
EMPLOYEE **What is the number of your flight?**
¿Cuál es el número de su vuelo?

(t'ri) (JON-dred)
CARLOS **Three hundred and three, from Ponce.**
303 de Ponce

(uan) (MO-ment) (pliz)
EMPLOYEE **One moment, please.**
Un momento, por favor.

Lea la conversación en voz alta varias veces e imite los sonidos encima de las palabras. Mientras más veces lo haga, más fácil resultará. Cuando se sienta seguro, trate de llenar los espacios en blanco con las palabras omitidas. Siempre puede comprobarlas, mirando otra vez la conversación.

CARLOS **G ________ M __________, sir. I am looking for my ______________.**

EMPLOYEE **O.K. What is ____________________________________?**

CARLOS **______________________ Carlos López.**

EMPLOYEE **Where __________________________________?**

CARLOS **I ______________________ from ______________________________ .**

EMPLOYEE **What is the ______________________ of your ______________________?**

CARLOS **______________________ 303, ______________________Ponce.**

EMPLOYEE **One moment, ______________________________________ .**

Ahora vea si puede contestar estas preguntas:

¿Cual es un saludo cortés en inglés? ______________________________________ .

Cuando viaja, ¿en qué pone la ropa? In ____________________________________ .

¿Cómo le pregunta a una persona su nombre? ______________________________ .

Si alguien le pregunta a una persona su nombre, ¿qué responde ud. ?

____ .

¿En qué país vive? I live in ____ .

Los americanos son muy agradables. Si (usted) quiere pedir un favor, ¿qué dice usted?

____ .

Aquí está otra conversación corta para ayudarle a aprender las frases de cortesía que todo el mundo necesita saber.

Carlos corre hacia una antigua profesora de bachillerato en el aeropuerto.

MRS. GARCIA **Carlos!** *(jau) (ar)* **How are you?** ¿Cómo está?

CARLOS **Mrs. García!** *(je-LO)* **Hello.** ¡Hola! *(uel)* **Well,** Bien *(t'enks)* **thanks,** gracias **and you?** ¿y usted?

RESPUESTAS

Good morning, suitcases; your name; My name is . . .; do you come from? come, Puerto Rico; number, Flight; Flight, from; please. **Preguntas:** Good morning; in a suitcase; My name is . . . ; I live in . . . I come from . . . ; please.

MRS. GARCIA
(VE-ri) (t'enk) (an) (vei-QUEI-chon)
Very well. Thank you. Are you on vacation?
Muy bien gracias ¿Está de vacaciones?

CARLOS
(uit') (mai)(FAM-mi-li) (uaif) (DO-ter) (ail) (in-tro-DUS)
Yes, with my family: my wife, my daughter and my son. I'll introduce you.
Sí, con mi familia: mi esposa, hija e hijo. La presento.

(TI-cher)
María, Mrs. García, my teacher.
profesora

MARIA
(plist) (mit)
Pleased to meet you.
Mucho gusto

MRS. GARCIA
(seim) (jir)
The same here.
Igualmente.

1. ¿Qué palabra simple se usa para decir "Hola"? ____________________

2. ¿Cómo pregunta sobre la salud de alguien? ____________________

3. Si alguien le pregunta "¿cómo está?", ¿cómo contesta que se siente muy bien?

____

4. Cuando le presentan a alguien, ¿qué debe usted decir?

____

El empleado del aeropuerto regresa.

EMPLOYEE
(ex-QUIUZ) (mi) (a-RAIV-ing) (tu-MA-ro)
Excuse me, your suitcases are arriving tomorrow.
Perdón, sus maletas llegan mañana.

CARLOS
Oh, no! Thank you.
Ay, no. Gracias.

EMPLOYEE
(UEL-com)
You're welcome.
De nada.

CARLOS
(gud-BAI)
Goodbye!
¡Adiós!

EMPLOYEE
(si)
Goodbye, I'll see you tomorrow.
Adiós, hasta mañana.

RESPUESTAS

1. Hello **2.** How are you? **3.** Very well, thank you. **4.** Pleased to meet you.

5. ¿Qué palabra podemos usar para pedir disculpas? ______________________________

6. ¿Cuál es una frase útil para expresar sorpresa o disgusto? ______________________

7. ¿Cómo se dice "gracias" a alguien? ____________________________________

8. Si alguien le da las gracias ¿cómo contesta usted? ___________________________

9. ¿Cómo se dice "adiós"? ____

10. Pero si usted regresa mãnana, ¿qué debe añadir? ____________________________

¿Puede usted arreglar las palabras a continuación para que tengan sentido?

11. good, sir, morning ____

12. name, your, what's? ____

13. in Puerto Rico, I live ____

14. please, moment, one ____

15. you, are, how? ____

16. suitcases, my, I am, for, looking __________________________________

(ri-MEM-ber)

Remember

Recuerde

Escriba las nuevas palabras y dígalas en voz alta:

(EIR-port)
the airport
el aeropuerto

____

(em-PLOI-i)
the employee
el empleado

____

RESPUESTAS

5. Excuse me. **6.** Oh, no! **7.** Thank you. **8.** You're welcome. **9.** Goodbye. **10.** I'll see you tomorrow.
11. Good morning, sir. **12.** What's your name? **13.** I live in Puerto Rico. **14.** One moment, please.
15. How are you? **16.** I am looking for my suitcases.

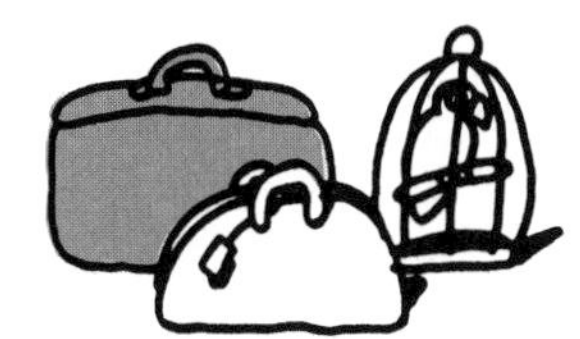

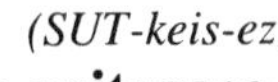

(SUT-keis-ez)
the suitcases
las maletas

(yu-NAIT-ed) (steits)
the United States
los Estados Unidos

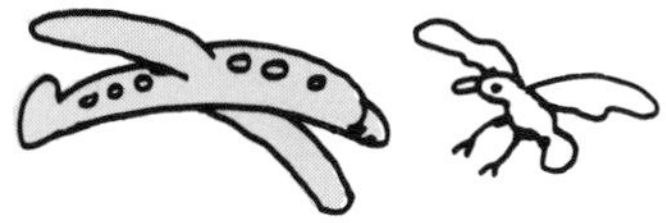

(fleit)
the flight
el vuelo

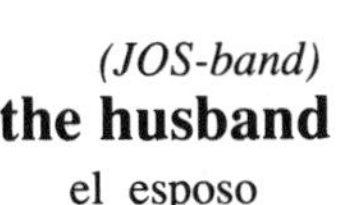

(JOS-band)
the husband
el esposo

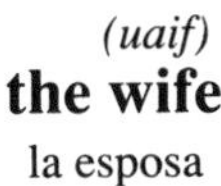

(uaif)
the wife
la esposa

(son)
the son
el hijo

(DO-ter)
the daughter
la hija

the family
la familia

(spein)
Spain
España

Singular y Plural

Los nombres generalmente forman el plural añadiendo **-S** o **-ES** al singular:

	(flait)	*(flaits)*	*(DO-ter)*	*(DO-terz)*	*(church)*	*(CHUR-ches)*
Ejemplos:	**flight,**	**flights**	**daughter,**	**daughters**	**church,**	**churches**
	vuelo	vuelos	hija	hijas	iglesia	iglesias

El plural de los nombres que terminan con **-Y** precedida de consonante se forma cambiando la **-Y** a **-I** y añadiendo **-ES**:

	(SI-ti)	*(SI-tiz)*	*(KON-tri)*	*(KON-triz)*
Ejemplos:	**city,**	**cities**	**country,**	**countries**
	ciudad	ciudades	país	países

El plural de los nombres que terminan con **-Y** precedida de vocal se forma añadiendo una **-S**:

	(DON-qui)	*(DON-quiz)*	*(qui)*	*(quiz)*
Ejemplos:	**donkey,**	**donkeys**	**key,**	**keys**
	burro	burros	llave	llaves

Escriba el singular y el plural de las palabras a continuación en los espacios en blanco juntos a los grabados:

(BOI)
boy
muchacho

 ______________________

 ______________________

(MO-t'er)
mother
madre

 ______________________

 ______________________

(FA-t'er)
father
padre

 ______________________

 ______________________

(jo-TEL)
hotel
hotel

____

____

(FLAU-er)
flower
flor

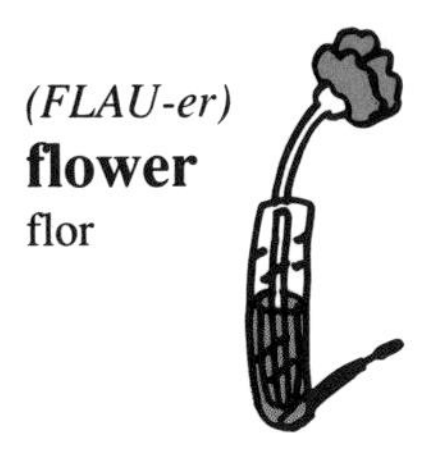

____

____

(jaus)
house
casa

____

____

(fut)
foot*
pie

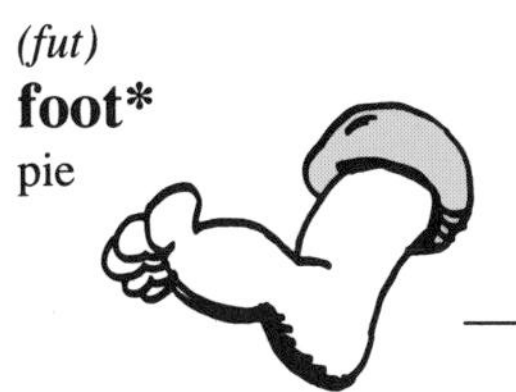

____

____

* En inglés hay algunas palabras con plural irregular. Por ejemplo, pie = **foot,** pero pies = **feet.** Otras palabras más comunes son: hombre = **man,** hombres = **men;** mujer = **woman,** mujeres = **women;** y niño = **child,** niños = **children.**

(ei) *(an)*

"A" and "An"

"Un" y "una"

En inglés la palabra **a** significa *un* o *una.* Cuando esta palabra va delante de otra que comienza con vocal, es necesario cambiarla en **an** para evitar un sonido que es desagradable en inglés. Por lo tanto, el significado de **a** y de **an** es el mismo:

Ejemplos: *(UO-man)* **a woman** una mujer — *(buk)* **a book** un libro — *(AP-el)* **an apple** una manzana

Escriba el artículo indefinido **A** o **An** con las siguientes palabras:

1. ______________ flower	4. ______________ egg (huevo)	7. ______________ father
2. ______________ husband	5. ______________ flight	8. ______________ employee
3. ______________ orange (naranja)	6. ______________ book	9. ______________ arm (brazo)

RESPUESTAS

1. A 2. A 3. An 4. An 5. A 6. A 7. A 8. An 9. An

Ahora trate de contestar estas preguntas sencillas. Recuerde usar **a** o **an** correctamente. Siga nuestro ejemplo:

(ju) (iz) (it)
Who is it?
Quién es

(uat)
What is it?
Qué es

1. It is a boy.

2. ______________________________

3. ______________________________

4. ______________________________

5. ______________________________

RESPUESTAS

2. It is a family **3.** It is a flower **4.** It is a house **5.** It is an arm

LET'S TALK ABOUT RELATIVES

(tok) (a-BAUT) (REL-a-tivs)

Vamos a hablar de los parientes

Aquí está la familia de Miguel. Llene los espacios en blanco para practicar las palabras que indican a los diferentes miembros de la familia.

(MEI-ri) **Mary** María
(GREND-mo-tér) **the grandmother** la abuela ____________

(CHO-sef) **Joseph** José
(GREND-fa-tér) **the grandfather** el abuelo ____________

(TA-mes) **Thomas** Tomás
(ON-quel) **the uncle** el tío ____________
the husband el esposo ____________

(te-RI-sa) **Theresa** Teresa
(ent) **the aunt** la tía ____________
the wife la esposa ____________

(pol) **Paul** Pablo
the father el padre ____________
the husband el esposo ____________

(an) **Ann** Ana
the mother la madre ____________
the wife la esposa ____________

(chon) **John** Juan
(COS-in) **the cousin** el primo ____________

(MAR-t'a) **Martha** Marta
the cousin la prima ____________

(PI-ter) **Peter** Pedro
the son el hijo ____________
(BRO-t´er) **the brother** el hermano ____________

(SU-zen) **Susan** Susana
the daughter la hija ____________
(SIS-ter) **the sister** la hermana ____________

(MAI-quel) **Michael** Miguel

¿Cuál es la relación de la primera persona con la segunda en las parejas de la lista?

1. Joseph is Thomas's *father*
2. Theresa is Thomas's ____________
3. Paul is Mary's ____________ a.
4. Susan is Peter's ____________

RESPUESTAS

Fill in: 2. wife **3.** son **4.** sister

5. Ann is Martha's ______________ 6. Theresa is Martha's ______________

7. Paul is Peter's ______________ 8. Ann is Joseph's ______________

¿Puede entender este pequeño cuento?

(a-RAIVS) (uit') (jiz) (nu YORK) (luks)
Carlos arrives with his family in New York on a flight from Madrid. He looks for his suitcases.
llega con su a en de busca

(klerk) (sez)
The clerk says, "Good morning, sir. Your suitcases are arriving tomorrow."
dice

(gud) (grif) (wit'-AUT)
"Good grief!" says Carlos, "In New York and without suitcases!"
Dios mío y sin

(livs) (TU-rist)
Carlos lives in Spain. His name is Carlos López. He is a tourist. The teacher, Mrs. García,
vive turista

(PEI-chent) (uil) (bi) (e-NO-t'er) (dei)
arrives and says, "Carlos, how are you? Be patient. Tomorrow will be another day!"
paciencia otro día

Carlos arrives with his family

Haga un círculo en la frase correcta para completar la oración:

1. Carlos arrives in **New York. / Spain. / Madrid.**

2. Carlos **lives / looks for / says** **his suitcases.**

3. Mrs. García **arrives / looks for / says** **"Be patient."**

4. Mrs. García is Carlos's **teacher / daughter. / mother**

RESPUESTAS

5. aunt **6.** mother **7.** father **8.** daughter

Complete las oraciones: 1. Carlos arrives in New York. **2.** Carlos looks for his suitcases.
3. Mrs. García says "Be patient." **4.** Mrs. García is Carlos's teacher.

¿Puede escribir estas palabras en plural?

1. son ________________
2. city ________________
3. donkey ________________
4. boy ________________
5. father ________________
6. flower ________________

Escriba **a** o **an** en los espacios en blanco:

1. ________________ employee
2. ________________ house
3. ________________ apple
4. ________________ flight
5. ________________ orange
6. ________________ book

Ahora estudie y repita en voz alta las diferentes partes de la casa de Miguel.

A House
una casa

(re-FRI-cher-ei-tor)
the refrigerator
la nevera

the toilet
el inodoro

(stov)
the stove
la estufa

(STEIR-uei)
the stairway
la escalera

(sink)
the sink
el lavabo

(BAT'-tub)
the bathtub
la bañera

(QUI-chen)
the kitchen
la cocina

(BAT'-rum)
the bathroom
el cuarto de baño

(SO-fa)
the sofa
el sofá

(KLA-set)
the closet
el armario

(BED)
the bed
la cama

(LI-ving) (rum)
the living room
la sala

(BED-rum)
the bedroom
la alcoba

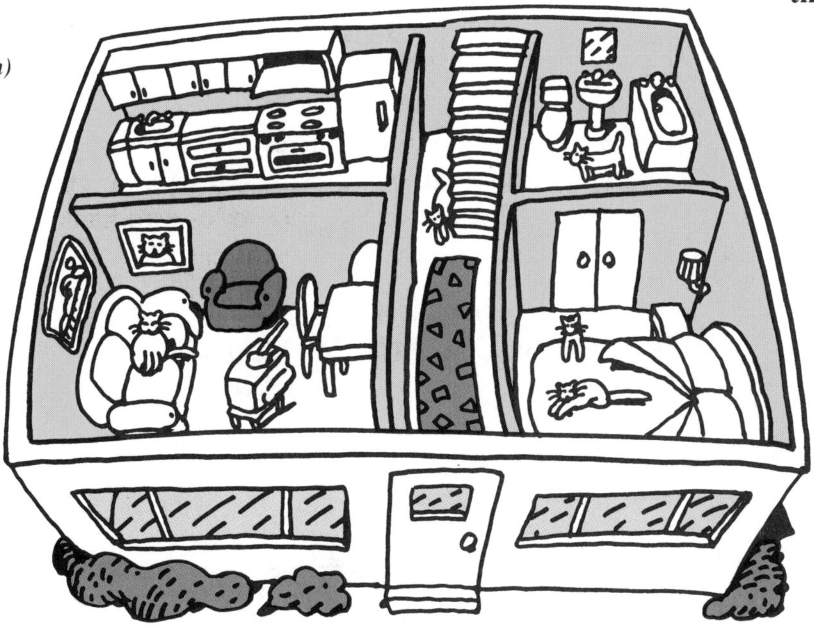

(cheir)
the chair
la silla

the garden
el jardín

(UIN-do)
the window
la ventana

(desk)
the desk
el escritorio

(dor)
the door
la puerta

(JOL-uei)
the hallway
el pasillo

RESPUESTAS

Plurales: 1. sons **2.** cities **3.** donkeys **4.** boys **5.** fathers **6.** flowers

A or An: 1. an **2.** a **3.** an **4.** a **5.** an **6.** a

LA LLEGADA

(e-RAI-vel)
Arrival

2 On Finding a Hotel

(FAIND-ing) *(jo-TEL)*
Al encontrar un hotel

Usted ha notado que en inglés no hay género masculino ni femenino: todos los nombres son neutros y el artículo definido **the** se usa delante de todos los nombres en inglés, ya sean masculinos o femeninos, singular o plural:

the flight	**the mother**	**the uncle**
the flights	**the mothers**	**the uncles**

Es muy fácil, ¿no?
Por ejemplo
la casa ____________ el muchacho ____________ la maleta ____________

You

Tú y Usted

En inglés hay solamente una forma de decir tú o usted—**You**. A diferencia del español, no hay diferencia entre la forma familiar y la formal, o entre singular y plural. En inglés se dice **How are you?** a un niño, al Presidente de los Estados Unidos, a los estudiantes en una clase y a una capilla llena de monjas. **You** se usa en todos estos casos.

SOME USEFUL WORDS

(som) *(IUS-fel)* *(uerdz)*
algunas útiles palabras

(TA-ksi)
a taxi
un taxi

(pei)
to pay
pagar

(get) (aut) (af)
to get out of
bajar

____________ ____________ ____________

RESPUESTAS

the house, the boy, the suitcase

Usted probablemente llega al hotel desde su casa, al menos para la primera noche, pero si usted tiene reservación o no, usted querrá saber algunas palabras básicas que describen los servicios y las facilidades que espera encontrar en el hotel. Aprenda los términos que están debajo de los grabados y fíjese cómo se usan en el diálogo.

Escriba las nuevas palabras en los espacios a continuación:

ARRIVAL

La llegada

(guest)
The guest arrives at the hotel in a taxi.
huésped llega al

(peiz)
He pays and gets out of the taxi. He enters the hotel,
paga baja del entra

(spiks)
and speaks with the clerk at the desk.
habla con en la recepción

(EN-ter)
to enter
entrar

____

to arrive
llegar

____

to speak, to talk
hablar

____

the desk
la recepción

____

THE CLERK (du) (uant)
Good morning, sir. Do you want a room?
Desea cuarto

THE GUEST (SIN-gal)
Yes, please, a single room with bath.
sencillo con baño

(DO-bel)
a room with a double bed

THE CLERK (ME-ni) (naits)
For how many nights?
Para cuántas noches

THE GUEST (SPEN-ding) (dei)
For one. I am spending only one day in the city.
Para una. Paso sólo un día en la ciudad.

THE CLERK (uil)
How long will you be in New York?
Cúanto tiempo pasa en Nueva York

THE GUEST (O-nli) (uan) (uik) (bi-KAUZ) (BIZ-nes)
Only one week. Because of business.
Solo una semana. Por negocios.

THE CLERK (t'ets) (tu) (uel) (ken) (jelp) (esk)
Oh, that's too bad. Well, if I can help you, please ask.
Ay qué lástima Pues si puedo ayudarle, dígame.

the double bed
la cama matrimonial

____

the room
la recámara o
la habitación

____

Trate de leer la conversación desde "**The Arrival**" en voz alta varias veces hasta que le sea fácil hacerlo. Entonces léala de nuevo y vea cuántas palabras puede encontrar que expresen acciones o deseos. Subráyelas o hágales un círculo, por favor.

Estudie la siguiente conjugación verbal en el tiempo presente:

HABLAR	
(yo) hablo	(nosotros) hablamos
(tú) hablas	(vosotros) habláis
(él,	(ellas,
ella, ud.)	ellos, ud.)
habla	hablan

TO SPEAK	
I speak	**we speak**
you speak	**you speak**
he	
she speaks	**they speak**
it	

En inglés, los verbos son muy fáciles en el tiempo presente. Es necesario solamente añadir **-s** por **he, she,** o **it.** Muy fácil, ¿no?

¿Recuerda los verbos que estudiamos anteriormente? ¿Puede llenar los espacios en blanco a continuación?

to want
desear
1. I _________ to learn English. *(lern)*

to buy
comprar
2. You_________ a new watch. *(uach)*

to pay
pagar
3. He _________ for the hotel.

to stay
quedarse
4. She _________ in New York.

to arrive
llegar
5. We _________at the airport. *(ER-port)*

to speak
hablar
6. They _________ English very well.

RESPUESTAS

1. want **2.** buy **3.** pays **4.** stays **5.** arrive **6.** speak

La primera noche en una ciudad puede ser inquietante; por eso aquí están algunas frases prácticas que le ayudarán en el hotel. Practique escribiéndolas y leyéndolas en voz alta:

A single room, please.

____

(tu)
A room for two, please.
dos

____

I want a room with a bath.

____

A room with a single bed, please.

____

How much is it?
¿Cuánto es?

____

(pei)
Do I pay now?
¿Pago ahora?

____

(IN-said) *(AUT-said)*
I want an inside room outside
interior exterior

____

(SOM-t'ing)

If You Want to Ask for Something

Si quiere pedir algo

Usted hará preguntas cada día de su viaje—a empleados del hotel, camareros y choferes de taxi. Cuando hacemos preguntas que pueden ser contestadas con "sí" o "no," usualmente levantamos la voz gradual y progresivamente desde el comienzo de la pregunta hasta el final. ¿Puede usted hacerlo con las siguientes preguntas?

Are there any inside rooms?

Do you want to buy a watch?
Desea

Is there a single bed in the room?

Do you want a double bed?

Escriba las nuevas palabras y dígalas en voz alta.

(BEL-boi)
the bellboy
el botones

____

(LAB-i)
the lobby
el vestíbulo

____

(qui)
the key
la llave

____

(QUE-ri)
to carry
llevar

____

(el-e-VEI-ter)
the elevator
el ascensor

____

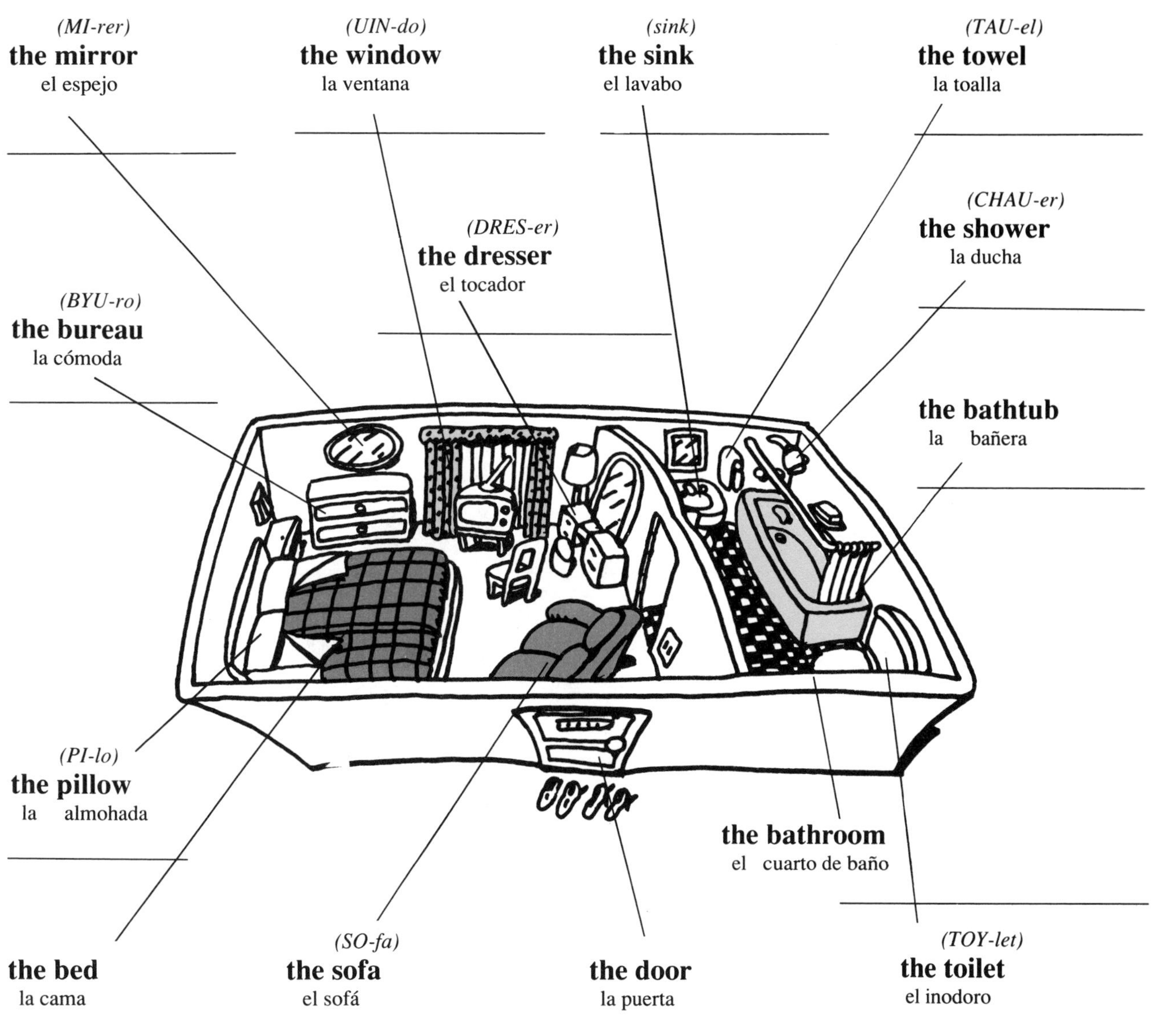

There is, there are = Hay
Is there, are there? = ¿Hay?

Ejemplos: **Are there inside rooms?**
Yes, there are inside and outside rooms.

Is there an inside room?
Yes, there is an inside room.

En inglés usamos **There is...** o **Is there...?** por Hay o ¿Hay? cuando hablamos de una cosa. Pero cuando hablamos de muchas cosas, usamos **There are...** o **Are there...?**

¿Puede usted preguntar acerca del cuarto del hotel? Empiece con **Is there**? para una cosa o **Are there**? para dos o más cosas. Siga usted la forma de la pregunta modelo:

1. **(bed) Is there a bed in the room?**

2. **(dresser)**
____?

3. **(closets)**
____?

4. **(sofa)**
____?

5. **(windows)**
____?

(jau) *(moch)* *(ME-ni)*

How Much? How Many?

¿Cuánto? ¿Cuánta? ¿Cuántas? ¿Cuántos?

Para *cuánto* o *cuántos,* usamos **How Much** cuando hablamos de una cosa (singular), y **How Many** cuando hablamos de cosas plurales.

(sup)
Por ejemplo: **How much soup do you want?**
sopa

(naits)
For how many nights do you want the room?
noches

Pero cuando hablamos de dinero, usamos siempre **How much?**

(doz) *(kost)*
Por ejemplo: **How much does the room cost?**
costar

o simplemente **How much is the room?**

Si usted quiere ducharse lo mejor es que esté seguro de preguntar lo siguiente cuando se registre en el hotel.

(ken) *(cho)*
Can you show me how to use the shower?
enseñar como usar

Practíquela, o usted puede tener una terrible impresión cuando se duche.

RESPUESTAS

2. Is there a dresser in the room? **3.** Are there closets in the room? **4.** Is there a sofa in the room? **5.** Are there windows in the room?

Vamos a ver si usted recuerda algunas de las cosas que hemos hecho hasta ahora. Hágase la pregunta de la izquierda, mire el grabado y escriba la contestación a la derecha:

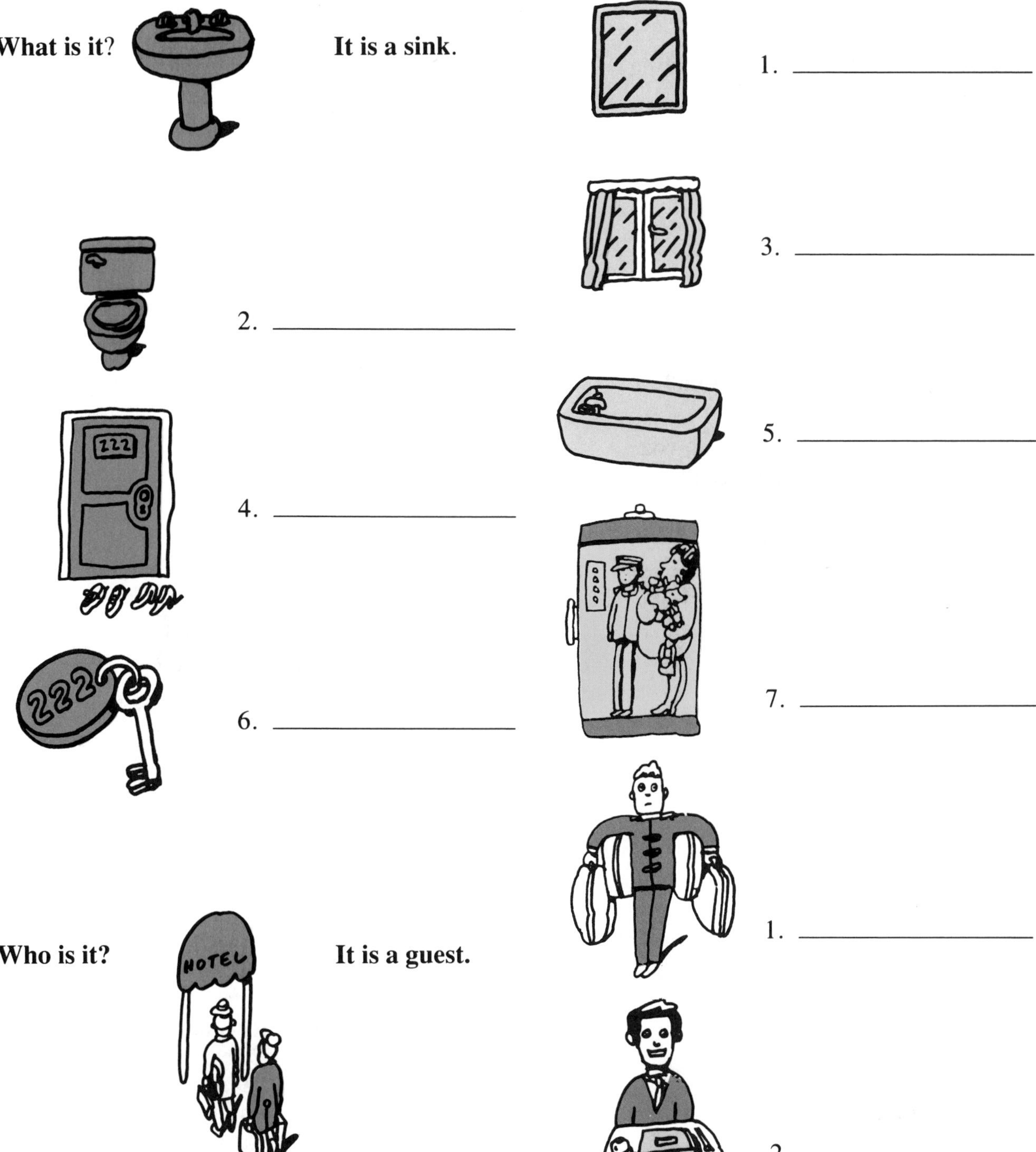

RESPUESTAS

What is it? 1. It is a mirror. **2.** It is a toilet. **3.** It is a window. **4.** It is a door. **5.** It is a bathtub. **6.** It is a key **7.** It is an elevator. **Who is it? 1.** It is the bellboy. **2.** It is the clerk.

Trace una línea de la pregunta de la columna 1 a la contestación apropiada en la columna 2:

1. **What is it?**	A. **Robert**
2. **How many nights are you spending?**	B. **My family is with me.**
3. **Where do you live?**	C. **I live in New York.**
4. **How many dressers are there?**	D. **There is one.**
5. **When are the suitcases arriving?**	E. **It is a shower.**
6. **Who carries the suitcases?**	F. **Tomorrow.**
7. **What is his name?**	G. **The bellboy.**
8. **Why do you want a large room?**	H. **One.**

¿Puede leer esta historia en voz alta y entender lo que quiere decir?

When the taxi arrives at the

hotel, the guest pays and gets out.

(t'ru)
He enters the hotel through the
por la

door. At the check-in desk he

speaks with the clerk.

He says that he wants an inside room with a single bed. The clerk gives him the
da le

(teiks)
key and the guest takes the elevator. When he arrives at his floor, he enters his
toma

(ARM-cher)
room. In the room there is a bed, a dresser and an armchair. In the bathroom
sillón

(jot) (UA-ter)
there is a toilet, a bathtub, a mirror and a shower. But there is no hot water.
Pero caliente agua

RESPUESTAS

Pares: 1. E 2. H 3. C 4. D 5. F 6. G 7. A 8. B

Conteste: **TRUE** *(tru)* cierto or o **FALSE** *(fols)* falso

1. The guest arrives home. ___________________
2. He speaks to the clerk. ____________________
3. The guest wants an outside room. ____________
4. The guest takes the elevator to his floor. ________________
5. There is hot water in the room. __________________

¿Puede usted expresar las siguientes frases en inglés?

1. Pasa una noche en el cuarto.
2. Toma el ascensor.
3. Baja del taxi.
4. Lleva las maletas.
5. Habla con el botones.

RESPUESTAS

1. False **2.** True **3.** False **4.** True **5.** False

Frases 1. He (she) spends a night in the room. **2.** He (she) takes the elevator. **3.** He (she) gets out of the taxi. **4.** He (she) carries the suitcases. **5.** He (she) speaks with the bellboy.

(SI-ing) *(saits)*

SEEING THE SIGHTS

Vamos a visitar los puntos de interés

3 *(FAIN-ding)* *(yor)* *(uei)* *(fut)* Finding Your Way on Foot

Por la ciudad a pie

"¿Cómo llego a . . . ?" "¿Dónde está la estación de tren más cercana?" "¿Está el museo derecho hacia adelante?" Usted preguntará direcciones y recibirá contestaciones dondequiera que usted viaje. Conozca las palabras y las frases que le ayudarán a llegar a los lugares más fácilmente.

Escriba las nuevas palabras y dígalas en voz alta varias veces:

(strit)
ON THE STREET
En la calle

straight
derecho

____

to the left
a la izquierda

____

to the right
a la derecha

____

María y Juan, dos turistas españoles, acaban de salir de su hotel para su primer paseo por la ciudad. Aunque ellos tienen un plano de la ciudad **(map of the city),** ellos deciden preguntarle direcciones al policía de la esquina.

JUAN *(al policía)*

(juer)
Excuse me, where is
dónde
(miu-ZI-em) *(art)*
the Museum of Art?
Museo de Arte

POLICIA

(streit)
Go straight ahead

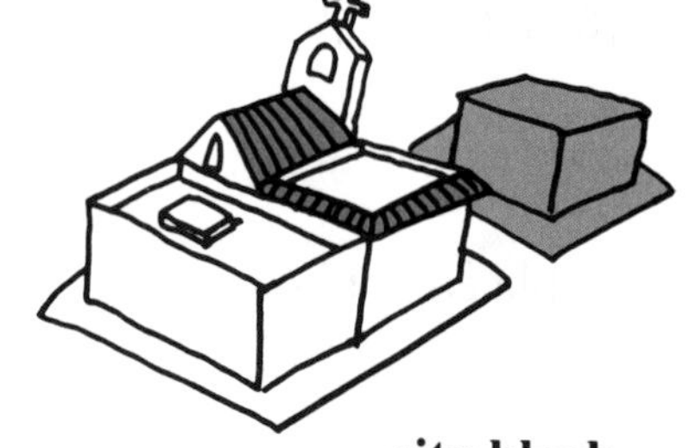

city block
la manzana

____

(OF-is)
post office
el correo

____

(IN-ter-sec-chon)
intersection
la bocacalle

____

(e-LONG) *(strit)* *(TRA-fek) (lait)*
along this street up to the traffic light.
hasta semáforo

(ken-TI-nyu)
Then, turn left and continue to the post
doble siga

office. At the corner by the post office,
correo

(tu) (mor) (blaks)
turn left and continue two more blocks.
dos

(e-GUEN) *(for)*
Turn left again and continue four more
otra vez cuatro

blocks. Then turn left again and continue

(iz) (yor)
one more block. The museum is on your
está su

left.

María y Juan caminan siguiendo las direcciones con cuidado. Después de media hora María exclama:

(t'is)
"But, Juan, this is the hotel!"
éste

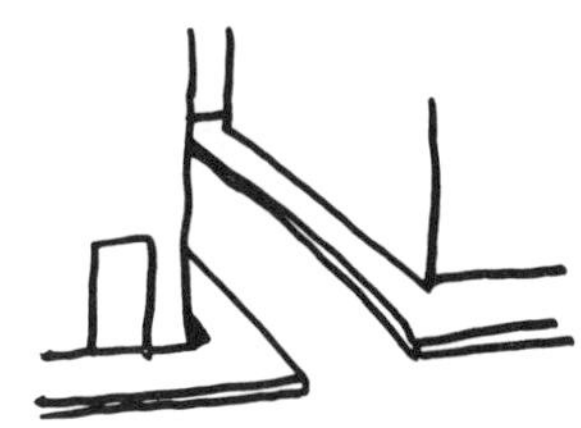

corner
la esquina

____

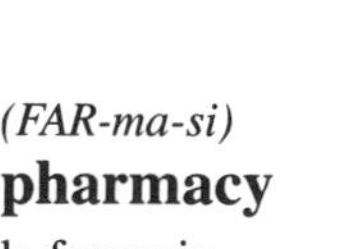

(FAR-ma-si)
pharmacy
la farmacia

____

traffic light
el semáforo

____

WHERE ARE THE PEOPLE AND THINGS?

Llene los espacios con las nuevas palabras y dígalas en voz alta:

(kat)
the cat
el gato

____

(TEI-bel)
the table
la mesa

____

on
en

____

(nir)
near
cerca de

____

far from
lejos de

____

in front of
delante de

(bi-JAIND)
behind
detrás de

(nekst)
next to
junto a

_______________ _______________ _______________

Para decir dónde están las personas o las cosas, usamos las expresiones de los grabados anteriores y empezamos con **is** o **are**. Por eso, para describir las relaciones de lugar entre el gato y la mesa en los grabados, diríamos:

The cat is on the table.

The cat is near the table.

The cat is far from the table.

Llene los espacios debajo y diga las nuevas palabras en voz alta.

(jaus)
the house

____

the boy

____

¿Puede decir en inglés dónde está el muchacho en los grabados siguientes? Escriba las contestaciones en los espacios.

1. _______________ 2. _______________ 3. _______________

4. _______________ 5. _______________ 6. _______________

Ahora trate de decir oraciones completas para describir los mismos grabados. Siga los mismos modelos que usamos para describir la posición del gato.

RESPUESTAS

¿Dónde está el muchacho?

1. behind **2.** in front of **3.** on **4.** far from **5.** near **6.** next to

En inglés, algunas palabras son o nombres o verbos.

Por ejemplo, **walk** = caminar o andar, y tambien **walk** = paseo o caminata

drink = beber, y también **drink** = bebida

"Ando" en inglés se dice	**I walk.** **I take a walk.** **I go for a walk.**
"Bebo" en inglés se dice	**I drink.** **I have a drink.**

Aquí están algunos cuadros. Llene los espacios en blanco con las formas correctas de los verbos.

(uok) (e-LONG) (strit)
go for a walk along the street
andar por calle

1. (They) ______________________________

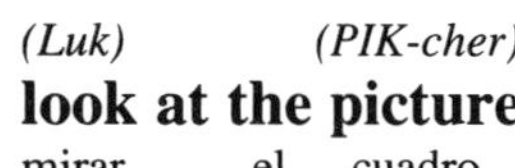

(Luk) (PIK-cher)
look at the picture
mirar el cuadro

2. (We) ______________________________

(drink) (milk)
drink the milk
beber leche

3. (They) ______________________________

walk
caminar

4. (She) ______________________________

RESPUESTAS

1. They go for a walk. **2.** We look at the picture. **3.** They drink the milk. **4.** She walks.

(smok) *(si-ga-RETS)*
smoke cigarettes
fumar cigarrillos

5. (They)____________________

(nak)
knock on the door
llamar a la puerta

6. (He)____________________

Al describir a las dos mujeres en el primer cuadro, puede decir

They go for a walk.
They take a walk.
o simplemente **They walk.**

Al describir a los dos niños en el tercer cuadro, puede decir

They drink the milk.
They have a drink of milk.

En inglés, a menudo decimos **have** cuando en español usamos el verbo "tomar."

Mire de nuevo el segundo cuadro. En español, decimos "Miramos el cuadro." Pero en inglés, decimos **We look *at* the picture.** Es necesario siempre usar **at** con el verbo **to look** cuando miramos alguna cosa. Y en español, andamos *por* la calle, pero en inglés, **We walk *along* the street.**

¿Puede traducir estas frases?

1. Los niños caminan por la calle.

____

2. María mira las maletas.

____

3. Yo ando por la calle.

____

RESPUESTAS

5. They smoke cigarettes. **6.** He knocks on the door.
Traducir 1. The children go for a walk along the street.
2. Mary looks at the suitcases. **3.** I walk along the street.

(SOB-chekt) (PRO-nauns)
Subject Pronouns
Pronombres sujetos (personales)

(ai)
1. **I**

(ji)
2. **John** = ***he***

(chi)
3. **Mary** = ***she***

(ju) (yu)
4. **Who are you?**

(ui)
5. **Joseph. Joseph and I** = ***we***.

6. **Ann. Ann and I** = ***we***.

(t'ei)
7. **Frank and Peter** = ***they***.

8. **Rose and Susan** = ***they***.

9. **Rose and you** = ***you***.

En inglés, usamos **they** y **we** para hombres o para mujeres, y usamos **you** para todos. Cuando hablamos de una cosa, usamos **it.** A menudo los pronombres (yo, tú, ella, él, nosotros, ellos, etc.) no se usan en español. *Sin embargo en inglés es necesario porque la forma verbal tiene la misma terminación, exceptuando la tercera persona singular.*

(point) (t'ingz)
How to Point Out Things in English
Cómo indicar las cosas en inglés

Palabras como **This** y **That** son importantes de conocer. Las formas en inglés para estas palabras varían según señalen una cosa o más de una.

ESTE	y	ESTOS = **THIS and THESE**	
este libro *esta* casa	**this** book **this** house	*estos* libros *estas* casas	**these** books **these** houses

ESE y	ESOS = **THAT and THOSE**
ese libro **that** book *esa* casa **that** house	*esos* libros **those** books *esas* casas **those** houses

Escriba la forma correcta delante de cada palabra. Usted siempre necesitará recordar que las palabras que va a usar deben tener la misma forma—singular o plural—de las palabras que las acompañan.

Primero practique con las formas de **this** y **these**:

1. _________ cat
3. _________ house
5. _________ hotel
7. _________ lady *(LEI-di)* señora
2. _______ keys
4. _________ boy
6. _________ drink
8. _________ mirrors *(MI-rors)* espejos

¡Fantastic! Ahora vamos a practicar con las formas de **that** y **those**:

1. ________ sister
3. ________ coffee
5. ________ uncle
7. ________ beds
2. ________ rooms
4. ________ grandfather
6. ________ cousins
8. ________ daughter

Escriba la forma correcta de los pronombres sujetos en estas frases.

1. ________________ is in the house. (the boy)
2. ________________ is in the house. (the cat)
3. ________________ are in the house. (the mother and the daughter)
4. ________________ are in the house. (the father and the son)
5. ________________ are in the house. (you and I)
6. ________________ is in the house. (Ann)

RESPUESTAS

Formas de **this**: **1.** this **2.** these **3.** this **4.** this **5.** this **6.** this **7.** this **8.** these

Formas de **that**: **1.** that **2.** those **3.** that **4.** that **5.** that **6.** those **7.** those **8.** that

Pronombres: **1.** he **2.** it **3.** they **4.** they **5.** we **6.** she

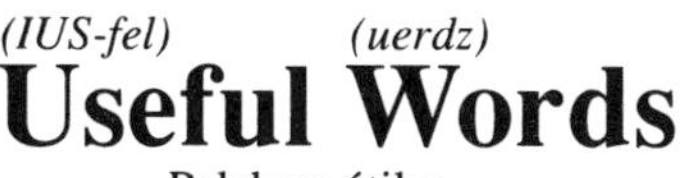

Palabras útiles

(MU-vi) (T'I-e-ter)
movie theater
el cine

____

market
el mercado

____

bank
el banco

____

church
la iglesia

____

(SAID-wok)
sidewalk
la acera

____

store
la tienda

____

(bai)
to buy
comprar

____

(NUZ-stand)
newsstand
el quiosco

____

¿Aprendió la nuevas palabras de los grabados que están al principio de la página? Si es así, usted puede fácilmente comprender este pequeño cuento.

The Gonzalez family is walking on the sidewalk. The father wants to buy a
(NUZ-pei-per)
newspaper at this newsstand and the mother wants to look at those stores. The
(CHIL-dren)
children of this family are walking next to their mother. On the street
junto
there are a movie theater and a bank. The daughter, Teresa, and the son, Mark,
(frut)
buy fruit at this market. The father is smoking a cigarette, but the mother and the children don't smoke. The family's house is not near. It is far away, in the
(CON-tri-said)
countryside, near a church.

Vamos a practicar algunas preguntas más ¿Cierto o Falso? ¿Recuerda? *True/False*

1. **The family is walking through the countryside.**____________

2. **The father buys a newspaper at the newsstand.**____________

3. **The mother looks at a picture.**____________

RESPUESTAS

Cierto/Falso 1. False **2.** True **3.** False

4 Public Transportation

(POB-lek) (tranz-por-TEI-chen)

Transporte Público

(teik) (REI-di-o)

MARIA **Let's take a taxi to Radio City.**
Vamos a tomar un taxi al teatro Radio City.

JUAN **No, it costs a lot.**
No, cuesta mucho.

(SAB-uei)

MARIA **Then, let's take the subway.**
Entonces el metro

(un-COM-for-ta-bel)

JUAN **No, it is uncomfortable.**
No, es incómodo

MARIA **Then, let's take the bus.**
Entonces el autobús

JUAN **O.K., let's go!**
Bien vamos.

Suben al autobús

(raid)
JUAN **Excuse me. How much does it cost to ride the bus?**
Cuánto cuesta

(DA-ler) (fif-TIN)
EL CONDUCTOR **A dollar fifteen.**
The Driver Un peso y quince pesetas.

JUAN **We are getting out at Radio City.**
Bajamos

(no)
DRIVER **O.K. I'll let you know when we get there.**
Muy bien les diré cuando lleguemos allí.

(nais)
JUAN **How nice these New Yorkers are!**
¡Qué cortés la gente de Nueva York!

Para decir "vamos a . ." en inglés, usamos la expresión **Let's** con el infinitivo: por ejemplo, "vamos a tomar"—**let's take**; "vamos a comer"—**let's eat**.

Llene los espacios en blanco con las palabras que faltan, después de leer la conversación.

Let's________________________a taxi to Radio City.

No,________________________a lot.

Then, let's take________________________.

No, it is________________________.

O.K., let's go

Excuse me________________________does it cost?

________________________at Radio City on Sixth Avenue.

________________________when we get there.

How nice________________________!

(IUS-fel) *(uerdz)*
Useful Words
Palabras útiles

(it)
to eat
comer

____

(drink)
to drink
beber

____

(ran)
to run
correr

____

(CHOK-let)
chocolate bar
la barra de chocolate

____

(SO-da)
soda, soft drink
la gaseosa

____

(kech)
to catch
coger

____

Usted habrá notado que aunque los tres verbos anteriores son de la segunda conjugación en español, en la conjugación de los verbos en inglés no hay diferencia—todos pertenecen a la misma conjugación. De hecho cuando usted aprende que la tercera persona singular añade una **s** a la raíz (forma verbal) y que todas las otras formas solamente usan la raíz (con un pronombre personal), usted ha aprendido todo lo que tiene que aprender sobre los verbos regulares en el tiempo presente.

Tendremos más que decir sobre los verbos irregulares en las próximas lecciones.

I eat	**I drink**	**I run**
He ____________	**She** ___________	**They** ___________

Question Words
Preguntas

Como turista, usted probablemente hará muchas preguntas sobre adónde ir, cómo llegar allí, cuánto cuesta, etc. Practique estas preguntas y dígalas en voz alta:

(ju)
Who? = ¿quién?

(jou)
How? = ¿cómo?

(juat)
What? = ¿qué?

(moch)
How much? = ¿cuánto?

RESPUESTAS

eats, drinks, run

(juen)
When? = ¿cuándo?
(juai)
Why? = ¿por qué?
(juer)
Where? = ¿dónde?

Trate de usar estas palabras en las frases siguientes:

1. _________ does the train leave?
2. _________ can't we go to San Francisco?
3. _________ is that man?
4. _________ is in this box?
caja
5. _________ does this cost?
6. _________ are you, Jane?
7. _________ is the hotel?

TALKING TO THE CONDUCTOR

Hablando con el conductor

(TO-quen)
to buy a token
comprar una ficha

line (para subir al autobús)
la cola

bus stop
la parada

Nota: Según el país y aun la ciudad donde usted está, se pueden usar fichas o billetes en los transportes públicos. Una de las primeras cosas que usted debe hacer cuando llegue a una nueva ciudad es comprar un plano de la ciudad (**a map of the city**) para poder encontrar los lugares que usted necesite pero, ¿adónde va para conseguir uno? Pues, al **bookstore** o al **newsstand**, donde tendrá que pagarlo. Si usted es arriesgado y osado, usted querrá probar el **subway.** A la entrada (**entrance**) encontrará un plano grande de la ciudad que le enseñará las rutas del metro y los

RESPUESTAS

1. When **2.** Why **3.** Who **4.** What
5. How much **6.** How **7.** Where

nombres de las estaciones. Si usted no quiere quedarse atascado en el **subway** de por vida, mejor es que aprenda esta importante palabra: EXIT (**salida**). Pero aquí están algunas frases prácticas que es probable que necesite usar mientras viaje por la nueva ciudad en autobús.

(TI-quet)
ticket
el billete

(TO-quen)
token
la ficha

Practique, escribiéndolas y repitiéndolas en voz alta.

Where is the bus stop?
parada del autobús

(raid)
How much does a ride cost?
pasaje

(nid)
Do I need a token?
Necesito

Where do I buy a token?

(long)
The line is very long.
larga

(jev) *(weit)*
Do you have to wait long?
Es necesario esperar mucho

(juen) *(nekst)*
When is the next bus coming?
Cuándo próximo

(shud) *(guet)* *(nau)*
Should I get out now?
Debo ahora

Identifying Yourself and Others

Identificarse a sí mismo y a los demás

Usted seguramente quiere que la gente sepa quién o qué es usted, ¿verdad? Para identificarnos, identificar a los demás y las cosas, nosotros usamos el verbo ser (**to be**). El diagrama debajo enseña las distintas formas del verbo que queremos aprender. Verá que estas palabras no siguen la forma usual de los verbos que hemos aprendido. Son muy diferentes. Son palabras tan importantes y básicas que usted querrá practicarlas, escribiéndolas en los espacios en blanco. Recuerde decirlas en voz alta hasta que esté familiarizado con ellas, y después escríbalas en los espacios en blanco.

TO BE	
I am	**We are**
You are	**You are**
He is	
She is	**They are**
It is	

I ____________	We ____________
You ____________	You ____________
He ____________	
She ____________	They ____________
It ____________	

¿Puede usted identificarse usando **I am** más el adjetivo descriptivo de la derecha? En español generalmente no usamos "un" o "una" en estos casos. *Pero en inglés es necesario*. Por ejemplo:

I am a tourist.

I am + **a tourist**
turista

a guest

(FA-ren-er)
a foreigner
extranjero

I am + *(man)* **a man,**
hombre

(UO-men)
a woman
mujer

(AR-tist)
an artist
artista

Imagínese que usted y un amigo están en Nueva York. Trate de identificarse (Nosotros somos...) usando las mismas palabras de la lista anterior. Recuerde que empezamos con **we are** y que las identificaciones serán en plural, pero en inglés la terminación de las identificaciones será la misma para masculino y femenino: por ejemplo, **We are tourists.** Ahora practique lo mismo mientras habla con otras dos personas—Marcos y María, por ejemplo.

Vea si puede usar la forma correcta del verbo **to be**:

1. **I____________________a tourist.**
2. **The women____________________Americans.**
3. **We____________________foreigners.**
4. **He____________________American.**
5. **They____________________tourists.**
6. **Mary, you** (negativo)____________________**Spanish.**

TO GO	
I go	**We go**
You go	**You go**
He goes	
She goes	**They go**
It goes	

I __________	We __________
You __________	You __________
He __________	
She __________	They ________
It __________	

Ahora, vea si puede completar las siguientes oraciones con la forma correcta del verbo **to go**:

1. **We____________________to the museum.**
2. **She____________________to the market.**
3. **You____________________to the bank.**
4. **I____________________to the hotel.**
5. **They____________________home.** (aquí no se usa "to")

RESPUESTAS

To be 1. am **2.** are **3.** are **4.** is **5.** are **6.** are not   **To go 1.** go **2.** goes **3.** go **4.** go **5.** go

GOING, GOING...

Cuando hablamos en inglés en una conversación, el verbo **to go** (ir) es usualmente usado en el tiempo presente progresivo (acción pasando en el momento) cuando uno está actualmente viajando o yendo a alguna parte. En estos casos, el verbo aparecerá como:

PROGRESSIVE TENSE

I am going	I_______________
You are going	You_______________
He is going	He_______________
She is going	She_______________
It is going	It_______________
We are going	We_______________
You are going	You_______________
They are going	They_______________

Así, voy = I go or I am going.

y vamos = ________ o _________ van = ________ o _________

Ahora, un cuento muy interesante.

Juan and María are in New York. They are tourists—they are from Spain *(spein)* (de España)**. They speak little** *(LI-tel)* (poco) **English. They go to** (a) **the bus stop and they wait on line** (en la cola)**. When the bus arrives, they get on** *(guet) (an)* (suben)**. They get off** *(of)* (bajan) **at the bus stop in front of** (delante del) **the museum. They go**

RESPUESTAS

vamos: we go, we are going; **van:** they go, they are going, or you go, you are going

in and they look at the paintings. Afterwards they go to the subway entrance.
miran cuadros Después entrada

They look at the map of the city and they buy two tokens and go to a supermarket
supermercado

near their hotel. There they buy fruit and milk.
leche

Haga un círculo en las palabras correctas para completar la oración.

1. Juan and María are / is / am from Spain

2. They speak little / good / no English.

3. They goes / go / is going to the bus stop.

4. They wait in the bedroom. / on line. / in the bank.

5. They get out behind / far from / in front of the museum

6. They go to the back / the entrance / the exit of the subway

7. They buy two tokens. / tickets. / paintings.

8. They go to the restaurant. / the movies. / the supermarket.

To take the bus
Tomar el autobús

Revise su conocimiento del transporte público con estas preguntas.

1. ¿Qué dos clases de cosas necesita usted comprar algunas veces para usar transporte público?

a ______________________________ a ______________________________

2. La entrada del metro en inglés se llama ______________________________

RESPUESTAS

1. are **2.** little **3.** go **4.** on line **5.** in front of **6.** the entrance **7.** tokens **8.** the supermarket

1. ticket, token **2.** the entrance

3. Para salir del subway es mejor mirar el letrero que dice ______________________________

4. ¿Dónde puede coger el autobús? At the ____

¿Sabe usted qué forma de **TO BE** or **TO GO** debe usar en estas oraciones?

1. Ann and I _________________________ tourists.

2. She _________________________ American.

3. I __________________________ to the market.

4. We ______________________ women.

5. We ___________________________ to the movies.

6. I ______________________ a foreigner.

7. You ___________________ men.

Imagínese que se está preparando para ver la gran ciudad. ¿Puede usted expresar las siguientes ideas en inglés?

1. ¿Dónde está la parada del autobús?
2. ¿Cuándo llega el próximo autobús?
3. ¿Dónde está la salida (entrada)?
4. ¿Es necesario comprar una ficha?
5. ¿Cuánto cuesta?
6. ¿Debo bajar ahora?

RESPUESTAS

3. exit **4.** bus stop

To be, to go 1. are **2.** is **3.** go, am going **4.** are **5.** go, are going **6.** are **7.** are

Ciudad 1. Where's the bus stop? **2.** When does the next bus arrive? **3.** Where is the exit (the entrance)? **4.** Do I have to buy a token? **5.** How much is it? **6.** Should I get off (out) now?

5 (taim) Time and Numbers
La hora y los números

¿QUÉ HORA ES?
What time is it?

Ahora estamos listos para empezar a decir la hora.

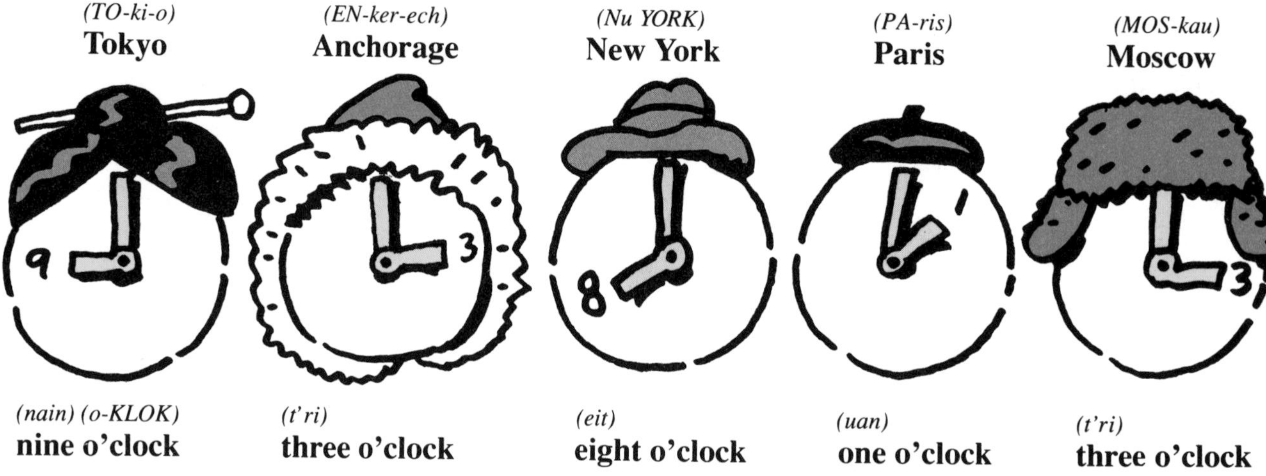

Pero antes de poder decir la hora, necesitamos aprender a contar en inglés:

How to *(caunt)* Count in English
Cómo contar en inglés

Una de las prácticas más necesarias para communicarse en cualquier lengua es la de contar y usar el sistema numérico con habilidad. En inglés, no tiene problema.

Aquí están los números del uno al veinte. Léalos en voz alta para familiarizarse con ellos. Después haga la prueba de escribirlos.

1. **one** *(uan)* ____________________
2. **two** *(tu)* ____________________
3. **three** *(t'ri)* ____________________
4. **four** *(faur)* ____________________
5. **five** *(faiv)* ____________________
6. **six** *(siks)* ____________________
7. **seven** *(SE-ven)* ____________________
8. **eight** *(eit)* ____________________
9. **nine** *(nain)* ____________________
10. **ten** *(ten)* ____________________
11. **eleven** *(i-LE-ven)* ____________________
12. **twelve** *(tuelv)* ____________________
13. **thirteen** *(TER-tin)* ____________________
14. **fourteen** *(FOR-tin)* ____________________

15. **fifteen** *(FIF-tin)*____________________

16. **sixteen** *(SIKS-tin)*____________________

17. **seventeen** *(SE-ven-tin)*____________________

18. **eighteen** *(EI-tin)*____________________

19. **nineteen** *(NAIN-tin)*____________________

20. **twenty** *(TUEN-ti)*____________________

Lea los números otra vez bastantes veces para poder decirlos con facilidad. Después vea si puede contar del 1 al 5 sin mirar el libro. ¡Mire si los sabe o no los sabe! Ahora haga lo mismo del 5 al 10. ¡Ahora viene el problema! ¿Puede hacerlo del 1 al 10? Ensaye lo mismo del 10 al 15, después del 15 al 20 y del 10 al 20. ¡Estupendo! ¡Bravo! ¿Pero puede contar todo el grupo del 1 al 20? Pruebe a contar de cinco en cinco hasta veinte. ¿Puede hacerlo solamente con los números pares hasta el veinte? ¿Y qué tal con los impares?

More Numbers

Y aquí más números

Aunque hay muchos más números que aprender, usted ya ha visto la parte más difícil, porque el resto de los números sigue el modelo, como en español después del 20 simplemente añadimos del 1 al 9:

twenty-one	**twenty-four**	**twenty-seven**
twenty-two	**twenty-five**	**twenty-eight**
twenty-three	**twenty-six**	**twenty-nine**

Los próximos diez números empiezan con un nuevo número: ***thirty*** *(T'IR-ti)* (30). Continúe, simplemente añadiendo del 1 al 9: 31, 32, 33, 34, 35, 36, 37, 38, 39. Los próximos diez empiezan con ***forty*** *(FOR-ti)* (40); añada del 1 al 9 otra vez: 41, 42, 43, 44, 45, 46, 47, 48, 49, y después viene ***fifty*** *(FIF-ti)* (50). Ahora usted sabe que será: 51, 52, 53, 54, 55, 56, 57, 58, 59, y después ***sixty*** *(SIX-ti)* (60).

Llene los espacios en blanco debajo de los dibujos y diga las frases en voz alta.

It is ten after six.

____

It is twenty after seven

____

It is twenty-one to nine

____

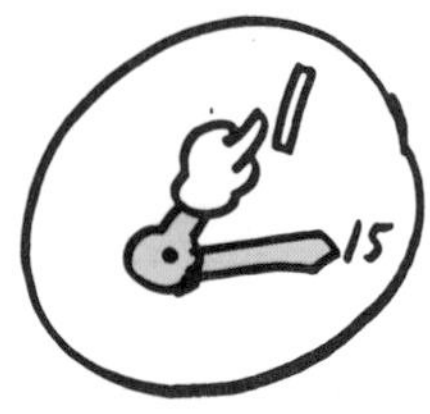

It is one fifteen

____

It is two thirty

____

It is three forty-five

____

It is quarter past one

____

It is half past two

____

It is quarter to four

____

Ahora estamos listos para aprender cómo decir la hora.

¡Decir la hora en inglés es muy fácil! Cada vez que es la hora exacta, se dice **It's ____ o'clock**, completando con **one, two, three, four, five, six, seven, eight, nine, ten, eleven** o **twelve** antes de ***o'clock***. Cuando tenemos minutos después de la hora, solamente decimos **It's ____ *after* ____**, colocando el número de minutos después de cualquier hora. Por ejemplo, 1:10 = **It's ten (minutes) after one**, o 4:20 = **It's twenty after four**, y así sucesivamente. Cuando es antes de la hora, es un poco más difícil: Diga **It's ____ *to* ____**, colocando el número de minutos que faltan para la próxima hora. Por ejemplo, **It's twenty *to* one**, **It's five *to* three.**

It is twelve o'clock a.m.

____

(nun)
It is noon.

____

It is twelve o'clock p.m.

____

(MID-nait)
It is midnight.

____

Los americanos son famosos por usar algunas expresiones muy familiares o informales para decir la hora. Cuando es una hora en particular, no es raro oírles decir que **It's one o'clock *on the nose*** *(noz)* (en la nariz) o **one o'clock sharp** *(charp)* o aun **one o'clock on the dot** *(dat)* (en punto). En cada caso el significado es "exactamente la hora."

Para decir a.m., añadimos lo siguiente a la hora: **in the morning** *(MOR-ning)*. Para la tarde (p.m.) decimos: **in the afternoon** *(ef-ter-NUN)*. Para indicar las últimas horas de la tarde o la noche, añadimos **at night** *(nait)*.

Ejemplos: **It is seven o'clock in the morning.**
It is five o'clock in the afternoon.
It is eleven o'clock at night.

(UA-ches)

Watches

los relojes

Puede ocurir un problema al tratar de decir la hora por medio de un reloj digital (1:47) o un reloj con esfera numérica . Con un reloj digital, los números van siempre después de la hora hasta los 59 minutos: 3:59, etc. Usando un reloj de esfera numérica o uno de los que usan la mayoría de los americanos, darán la hora ***to*** o ***after***. Por ejemplo, un americano que lee un reloj digital dirá, **It's 4:50**, pero un empleado usando un reloj de esfera numérica dirá, **It's ten *to* five**, y sabrá que el día de trabajo está casi terminado—¡qué bueno!

Quizás usted querrá revisar otra vez lo que hemos aprendido sobre *decir la hora*. En seguida que se sienta listo, ensaye hacer esto. Coja su reloj o un reloj despertador. Ajústelo para las 7:00 a.m. Entonces díganos qué hora es. Esté seguro de que use a.m.

Adelante el minutero con intervalos de cinco minutos y díganos cómo diría la hora. Pruebe hacer esto (siempre con intervalos de cinco minutos) hasta las 8:00 a.m. Esté seguro de rebajar desde las 8:00 cuando usted pase las 7:30. ¿Puede hacer lo mismo con la 1:00 p.m.? Esta vez adelante el minutero con intervalos de quince minutos.

Ahora, ensaye decir algunas de las horas que hemos aprendido, usando estos números. Debe ser fácil escribirlas ahora.

1. 2:24 ____________________
2. 3:58 ____________________
3. 4:12 ____________________
4. 5:30 ____________________
5. 6:15 ____________________
6. 7:45 ____________________
7. 8:20 ____________________
8. 1:14 ____________________
9. 9:17 ____________________
10. 10:35 ____________________
11. 11:01 ____________________
12. 12:13 ____________________

MAN **Excuse me, sir. What time is it?**
Perdón. ¿Qué hora es?

JUAN **It's midnight.**
medianoche

(lait)
MAN **How can that be? It's still light out!**
¿Cómo? todavía claro afuera

(rait)
JUAN **You are right. It must be noon.**
mediodía

MAN **That's more like it. Are you feeling OK?**
bien

(chust)
JUAN **Yes, it's just that I am from Spain and my English is not too good.**
es solo que

(tuelv)
MAN **Well, at twelve noon it is daytime, and at twelve midnight it is dark.**
obscuro

Remember that! By the way, do you want to buy a watch? They are

(ek-SPEN-siv)
not expensive
caros

(PIK-po-ket)
The pickpocket
carterista

RESPUESTAS

1. twenty-four minutes after two **2.** two minutes to four **3.** twelve minutes after four **4.** five thirty **5.** six fifteen **6.** seven forty-five **7.** twenty minutes after eight **8.** fourteen minutes after one **9.** seventeen minutes after nine **10.** twenty-five minutes to eleven **11.** one minute after eleven **12.** thirteen minutes after twelve.

JUAN **No, thank you. I have one. But. . . it is lost!**
perdido

MAN **Here it is. I am an honest pickpocket!**
honrado

Remember
Recuerde

When you travel, you can get confused.

(IES-ter-dei) *(tu-DEI)*
Yesterday, Washington, DC. Today,
ayer hoy

(tu-MO-ro)
Boston. Tomorrow, Chicago.
mañana

Where are we now?

El día después de hoy

es____

El día antes de hoy

es____

Y el día antes de mañana

es____

A los quince minutos **to** (para) o **after** (después) de la hora, los americanos dirán **a quarter** (cuarto) después o para la hora, pero nadie dirá ***one half*** *(jef)* cuando es treinta minutos después o para la hora. Ellos usualmente dirán **thirty**—solamente algunas personas dirán **half past** la hora. Por ejemplo, se dice **six-thirty, three-thirty,** o **half past six, half past three.**

4:30__________________ 4:15__________________ 4:45__________________

RESPUESTAS

tomorrow yesterday today **La hora:** four-thirty or half past four, quarter after four, quarter to five

En América dar la hora con reloj de 24 horas (son las 14:20 o las 21:15, etc.) se usa raramente.

Por supuesto, para decir la hora usamos solamente hasta el número 60, pero es bueno añadir aquí que para decir 70 se dice *(SE-ven-ti)* **seventy,** para 80, *(EI-ti)* **eighty,** y para 90, *(NAIN-ti)* **ninety**. De los cientos hablamos luego.

Ensaye decir estos números:

1. 45 **2.** 27 **3.** 94 **4.** 68

5. 22 **6.** 36 **7.** 53 **8.** 71

(kon-TRAK-chens)
Contractions
Contracciones

A diferencia del español, hay muchas contracciones en inglés, y casi todas se indican con apóstrofe (') para señalar las letras que faltan.

Por ejemplo:

(aim)
I am = I'm

(yur)
you are = you're

(chis)
she is = she's

(jis)
he is = he's

(ets)
it is = it's

(uir)
we are = we're

(t'er)
they are = they're

y en el negativo:

is not = aren't

are not = aren't

does not = doesn't

do not = don't

RESPUESTAS

1. forty-five **2.** twenty-seven **3.** ninety-four **4.** sixty-eight **5.** twenty-two **6.** thirty-six **7.** fifty-three **8.** seventy-one

Trate de escribir estas contracciones:

1. I am = __________
2. I do not = __________
3. You do not = __________
4. He is = __________
5. She is not = __________
6. They are = ____________
7. They are not = __________
8. We are = ______________
9. I am not = ____________
10. It is = ________________

Another Verb

Un verbo muy importante en inglés es **TO HAVE** (tener).

A continuación puede ver las distintas formas de este infinitivo.

(jev) **TO HAVE**	
I have	**we have**
you have	**you have**
he	
(jes) **she has**	**they have**
it	

______________	
______________	______________
______________	
______________	______________

Llene los espacios en blanco con la forma correcta de **TO HAVE.**

1. I do not___________a watch.

2. Do you __________ *(ten) (DA-lerz)* $10.00?

3. We _____________ a room in the hotel.

4. She ___________ a chocolate bar.

5. He ____________ *(KON-tri) (jaus)* a country house.
una casa de campo

RESPUESTAS

Contractions: 1. I'm **2.** I don't **3.** You don't **4.** He's **5.** She isn't **6.** They're **7.** They're not o They aren't **8.** We're **9.** I'm not **10.** It's

To have: 1. have **2.** have **3.** have **4.** has **5.** has

¿Puede contestar estas preguntas?

1. Do you have your suitcases?

2. Do you have a house in the country?

3. Do you have a watch?

4. Do you have a cat?

Ordinal Numbers

Números ordinales

Escriba en español los números, enseñando el orden de los pisos y dígalos en voz alta.

(florz) *(BIL-ding)*
The floors of the building
los pisos del edificio

Cuando usted tome el ascensor en el hotel, usted verá que los botones siempre tienen el número del piso, pero para la planta baja a veces dice: **GROUND.**

____

(naint')
ninth

____

(tent')
tenth

____

(SE-vent')
seventh

____

(eit')
eighth

____

(fift')
fifth

____

(sikst')
sixth

____

(t'erd)
third

____

(fort')
fourth

____

(furst) *(graund)*
first o **ground floor**
planta baja

____

(SE-kend)
second

____

RESPUESTAS

1. Yes, I have (no, I don't have) my suitcases. **2.** Yes, I have (no, I don't have) a house in the country.
3. Yes, I have (no, I don't have) a watch. **4.** Yes, I have (no, I don't have) a cat.

(po-ZE-chun)

Possession

Posesión

Describir la posesión en inglés es muy diferente del español, y ¡ mucho más fácil!

Solamente añadimos **'s** al nombre de la persona que posee la cosa:

(tai) *(CHIL-drenz)* *(po)*
Mary's dress, John's tie, the children's room, the cat's paw.

Practique éstos:

1. El libro de Juan ______________________________
2. La casa de María ______________________________
3. Las maletas de Ricardo ______________________________
4. Las plumas de Marta ______________________________

En los casos donde los nombres plurales terminan con **-s**, solamente añadimos el apóstrofe:
the boys' books, the ladies' room, the tourists' hotel.

It's my suitcase.
mi
No, it's not your suitcase.
su

Mine and Yours

Mi y Su

Por supuesto, nosotros también tenemos palabras posesivas en inglés como **my** *(mai)* **(mine)** *(main)*, **your** *(yor)* **(yours)** *(yorz)*, **his** *(jis)*, **her** *(jer)* **(hers)** *(jerz)*, **our** *(aur)* **(ours)** *(aurz)*, y **their** *(t'er)* **(theirs)** *(t'erz)*. Lo importante aquí es recordar que la

RESPUESTAS

1. John's book **2.** Mary's house **3.** Richard's suitcases **4.** Martha's pens concordancia va con la persona que posee algo y no con la cosa que se posee. Por ejemplo, un perro que pertenece a un hombre debe ser **his** dog, pero el mismo perro, cuando pertenece a una mujer, debe ser **her** dog (Lo mismo será si tienen más de un perro—**his dogs, her dogs**—por no haber concordancia con adjetivos ni en género ni en número.)

Mire el próximo cuadro:

my (mine) = mi (mío)

your (yours) = tu, su (tuyo, suyo)

his = su (suyo)

her (hers) = su (suyo)

its = su (suyo)

our (ours) = nuestro

their (theirs) = su (suyo)

NOTA: Las seis formas inglesas *nunca cambiarán* para concordar con el género y el número (singular o plural) de la cosa poseída. La única vez que se usa la forma en paréntesis es cuando la palabra se usa como un pronombre posesivo:

I have my hat, you have yours.
Yo tengo mi sombrero, tú tienes el tuyo.

Usted deberá entender la siguiente historia:

"What time is it?" the father asks his daughter.
pregunta

"It's three o'clock," says the daughter.
dice

"When are you leaving for Chicago?"
sale para

she asks her father.

"At twenty after five," he answers.
contesta

What time is it?

Llene los espacios en blanco:

The daughter asks ______ father a question.

He leaves for Chicago at ______________________.

RESPUESTAS

asks, twenty (minutes) after five

Trate de traducir las frases siguientes al inglés:

1. mi hijo = _____ **son**

2. tu billete = _____ **ticket** *(TI-quet)*

3. su abuela = _____ o _____ o _____ o _____ **grandmother**

4. nuestra casa = _____ **house**

¿Puede decirnos a qué hora usualmente hace usted lo siguiente? Empiece con **AT** (a las):

levantarse **I get up at**___________________

almorzar **I have lunch at**___________________

terminar el trabajo **I finish work at** ________

cenar **I have dinner at**_______________

acostarse **I go to bed at** _________________

RESPUESTAS

1. my **2.** your **3.** his, her, your, their **4.** our

6 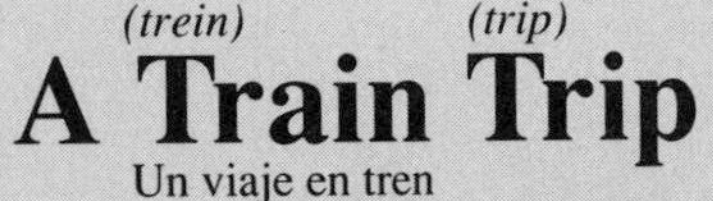

(trein) (trip)
A Train Trip
Un viaje en tren

(REIL-rod) (STEI-chen)
Railroad station
La estación de ferrocarril

Viajar en tren en países extranjeros puede ser una experiencia agradable cuando los trenes son
(eks-PRES)
cómodos, rápidos y ofrecen buenas conexiones. En los Estados Unidos el tren **express**, por
expreso
supuesto, es más rápido y tiene pocas paradas. Los trenes no tienen primera y segunda clase, pero
(koch) (kam-PART-ment) (SLI-ping)
en algunos trenes usted puede escoger entre un **coach** y un **compartment** con una **sleeping**
litera
(bert´)
berth. The **compartment** es más caro pero también más cómodo.

(TI-quet) (UIN-do)
Cuando usted ha comprado su billete en la **ticket window** necesita mirar con cuidado para ver el
taquilla
(BOR-ding) (PLAT-form) (DAI-ning) (kar)
número de su **boarding platform**. Los mejores trenes tienen un **dining car**; otros tienen un
andén coche comedor
(snek) (bar)
snack bar. En algunos casos se sirven comidas completas y deliciosas en su mismo asiento. En
bar
viajes largos, usted debe **check** su **luggage** en el **baggage car**, y un empleado guardará su
facturar equipaje furgón

(ri-SIT)
equipaje durante el viaje. Usted debe enseñarle su **receipt** para conseguir su equipaje cuando
talón

(de-sti-NEI-chen)
llegue a su **destination**.
destino

Marcos, María, y sus hijos están de viaje de Nueva York a Chicago, y llegan a la estación para coger su tren.

(FAI-ne-li)
MARIA **Finally here we are at Grand Central Station! Do we take an express**
Por fin cogemos

(chi-KA-go)
train to Chicago?

(raund) (trip)
MARCOS **Yes.** *(To the clerk)* **How much does a round-trip ticket to Chicago**
cuánto de ida y vuelta

cost? We are four people.

CLERK **Do you want a direct train?**
directo

MARCOS **Yes, please.**

CLERK **Sleeper or coach?**
litera

MARCOS **Coach, please.**

El empleado le dice el precio: **(the price)**.

MARCOS **When does the train leave?**
sale

CLERK **It leaves at 11:30 A.M.**

Si usted no va en **direct train,** usted tendrá que hacer conexiones con otro tren. Para un viaje

(EI-chen-si)
largo siempre sería inteligente hacer una reservación en una **travel agency** (agencia de viajes) y también algunas veces en su hotel podrán hacer todos los arreglos de viaje para usted.

¿Puede recordar la mayoría de las palabras y expresiones que puede necesitar para viajar en tren? Vamos a ver. Llene los espacios en blanco.

1. La ciudad adonde va se llama su ________________________.

2. Si el viaje es largo y usted quiere dormir cómodamente, ¿qué debe reservar? A ______________.

3. ¿Dónde se guarda su equipaje en un viaje largo? In the ________________________.

4. Si el tren no va hasta el destino final, ¿qué tiene que hacer?

   ____

5. Para recoger su equipaje del furgón, ¿qué debe enseñar? The ________________ .

6. ¿Cómo se dice *billete de ida y vuelta*? A ________________________ ticket.

Ahora combine las palabras en inglés de la primera columna con sus significados en español de la segunda columna:

1. **ticket window**	A. hacer empalme
2. **to check luggage**	B. coche comedor
3. **to make a connection**	C. taquilla
4. **dining car**	D. equipaje
5. **boarding platform**	E. facturar
6. **luggage**	F. ida y vuelta
7. **round trip**	G. viajar
8. **sleeping berth**	H. andén
9. **to travel**	I. litera

RESPUESTAS

Llenar los espacios **1.** destination **2.** sleeping berth **3.** baggage car **4.** to make a connection **5.** receipt **6.** round trip

1. C **2.** E **3.** A **4.** B **5.** H **6.** D **7.** F **8.** I **9.** G

Recuerde, por lo general, no hay mozo de estación.

Taking a Trip

Mire este horario: ¿puede contestar las preguntas que siguen?

(SKE-dyul) **SCHEDULE** el horario					
Departure salida	**Destination**	**Arrival**	**Connection** empalme	**Destination**	**Arrival**
New York **08:00A**	*(fi-la-DEL-fi-a)* **Philadelphia**	**10:20A**	**10:52A**	**Chicago**	**10:45P**

1. When does the train leave? At ______________________________

2. When does it arrive in Philadelphia? ______________________________

3. When does the train arrive in Chicago? ______________________________

4. Where do you have to change? ______________________________

5. What time does the other train leave Philadelphia? ______________________________

6. What is your final destination? ______________________________

7. Will it be morning when you arrive in Chicago? ______________________________

RESPUESTAS

1. 8:00 A.M. **2.** 11:40 A.M. **3.** 10:45 P.M. **4.** Philadelphia **5.** 10:52 A.M. **6.** Chicago **7.** No, it will be night.

Nuestra mente está un poco confusa hoy. Ayúdenos a pensar correctamente colocando las siguientes palabras en el orden apropiado para que tengan sentido.

1. to buy, ticket, I want, a , round trip
2. your, to check, you, luggage, have
3. the, leave, when, does, train?
4. a, Chicago, direct, train, there, is, to?
5. sleeping, want, compartment, I, please, a
6. dining, where, car, the, is?
7. change, do, trains, have, to, we?

More Verbs

Escriba estos nuevos verbos y aprenda su significado. Son igual a los aprendidos anteriormente.

(un-der-STAND)	*(lern)*	*(sel)*	*(bai)*	*(TRA-vel)*
to understand	**to learn**	**to sell**	**to buy**	**to travel**
comprender	aprender	vender	comprar	viajar

Por ejemplo:

I understand English, but he understands only Spanish.

We are learning English, and we learn how to say many things.

They sell tickets at the station.

We buy our tickets at the station.

You travel to many places. We are traveling to Chicago.

RESPUESTAS

1. I want to buy a round trip ticket. **2.** You have to check your luggage. **3.** When does the train leave? **4.** Is there a direct train to Chicago? **5.** I want a sleeping compartment, please. **6.** Where is the dining car? **7.** D we have to change trains?

Another Verb

Aquí tenemos un verbo más importante, y un poco irregular.

TO GO = IR	
I go	**we go**
you go	**you go**
he	
she goes	**they go**
it	

Ahora, ¿puede comprender estas oraciones fáciles?

1. I don't understand the schedule.
2. They don't sell chocolate here.
3. We travel by train.
4. He learns a lot.
5. The hotel clerk understands Spanish.
6. Anita goes to her room.

¿Puede llenar los espacios en blanco con los verbos indicados?

1. When we _________ to Chicago, we _________ by airplane. (travel, go)
2. If you do not _________ English, you will not _________ what people say. (learn, understand)
3. They _________ tickets at the theater. (sell)
4. We talk to Mr. Lopez because he _________ Spanish. (understand)
5. Mr. Smith _________ to Washington. (go)
6. Henry _________ at lot in school. (learn)

RESPUESTAS

1. travel, go **2.** learn, understand **3.** sell **4.** understands **5.** goes **6.** learns

Additional Verbs

Verbos adicionales

to return o
to come back = volver

to return o
to give back = devolver

En inglés, **return** se puede usar también con personas y cosas y así se traduce "volver" y "devolver."

¿Puede leer estas oraciones en voz alta y comprender su significado?

1. My family comes back tomorrow.
2. At what time do you return?
3. I return the ticket.
4. The porter gives back my suitcases.
5. Shall we come back by train or by bus?

ALL ABOARD!

Todos a bordo

¿Puede escribir las letras que faltan en las siguientes palabras que se relacionan con viajar? Los equivalentes en español están escritos debajo de las líneas para ayudarlo.

Departure
La salida

1. T_ _ _ _ (tren)
2. D_ _ T _ _ _ _ _ _ N (destino)
3. CO_ _ _ _ _ _ ON (empalme)
4. B_ _ _H (taquilla)
5. B_ _ TH (litera)
6. BA_ _ _ G_ (equipaje)
7. D_ _ _ R_ _ _ _ (salida)
8. S_ _ T_ _ N (estación)
9. A_ _ _ V_ _ (llegada)
10. S_ _ _ D_ L_ (horario)
11. T_ _ P (viaje)
12. T_ _ K_ _ (billete)

RESPUESTAS

1. train **2.** destination **3.** connection **4.** booth **5.** berth **6.** baggage
7. departure **8.** station **9.** arrival **10.** schedule **11.** trip **12.** ticket

Progressive Tense

Como el tiempo presente en inglés no traduce la forma progresiva ni las formas enfáticas del tiempo, es necesario añadir la palabra auxiliar **to be** (ser) a los verbos + **-ing**. *Yo hablo* en inglés significa **I speak** o **I am speaking**. Note sin embargo que estas palabras son especialmente necesarias en las preguntas:

He walks to the store.	**He is walking to the store.**	**Is he walking to the store?**
You visit your aunt.	**You are visiting your aunt.**	**Are you visiting your aunt?**

Trate de hacer oraciones y preguntas usando estos verbos:

Ejemplo: **She sells.** **She is selling. Is she selling?**

1. He reads. He _________ _________. _________ he _________?
2. I walk. I _________ _________. _________ I _________?
3. We travel. We _________ _________. _________ we _________?
4. You learn. You _________ _________. _________ you _________?
5. They go. They _________ _________. _________ they _________?

TO GIVE = DAR

¿Puede comprender estas oraciones? Dígalas en voz alta.

1. I give a chocolate bar to my daughter.
2. The clerk gives a ticket to the traveler. (viajero)
3. The girls give a flower to their mother.
4. Let's give the baggage check to the porter.
5. You should give a tip to the porter. (propina)

RESPUESTAS

1. He is reading. Is he reading? **2.** I am walking. Am I walking? **3.** We are traveling. Are we traveling? **4.** You are learning. Are you learning? **5.** They are going. Are they going?

To Give 1. Le doy una barra de chocolate a mi hija. **2.** El empleado le da el billete al viajero. **3.** Las muchachas le dan una flor a su madre. **4.** Le damos el talón al mozo. **5.** Usted le debe dar una propina al mozo.

La siguiente historia le ensenará que hemos aprendido más de lo que pensamos.

Our family arrives at the railroad station. My father goes to the ticket booth and he buys tickets for our train trip. After he pays, the clerk gives the tickets to Dad and we go to the railway
papá

platform. We take the train at two o'clock in the afternoon and we travel to Chicago on an express train.
When we arrive, we get off the train and my father looks for our luggage in the baggage car. He gives the luggage check to the porter but, when the porter gives back our luggage, my father does not give him a

(uai)
tip. I don't understand. Why?
por qué

Because it is not our luggage!
porque

Escriba la forma correcta de los verbos en paréntesis:

1. We don't ________________ Spanish. (to understand)

2. Tourists ________________ at the ticket booth. (to pay)

3. The porter ________________ the luggage to the family. (to give back)

4. You __________________ from the United States. (to be)

5. They ________________ to the hotel. (to go back)

RESPUESTAS

1. understand **2.** pay **3.** gives back **4.** are **5.** go back

7 Countries and Languages

(LEN-gua-ches)

Países y lenguas

¿Tiene ansia de ver el mundo? Si usted tiene pasión de viajar, querrá saber cómo se dicen en inglés todos esos países de sus sueños. Después que haya escrito cada uno, dígalo en voz alta varias veces.

The Countries

(os-TREL-ya)
Australia ____________

(CHAI-na)
China ______________

(CHER-ma-ni)
Germany ____________

(I-ta-li)
Italy ________________

(MEX-i-co)
Mexico ______________

(spein)
Spain ______________

the United States ______________

(CA-na-da)
Canada __________________

(frans)
France __________________

(greit BRI-ten)
Great Britian ____________

(cha-PAN)
Japan ____________________

(RO-cha)
Russia __________________

(SUIT-ser-land)
Switzerland ______________

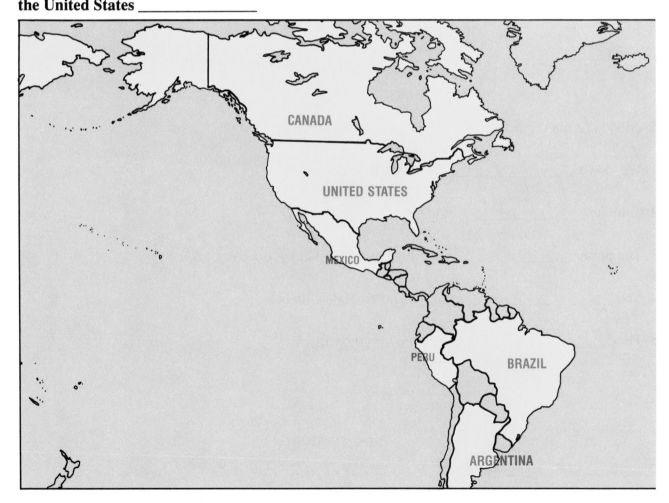

CANADA
UNITED STATES
MEXICO
PERU
BRAZIL
ARGENTINA

Mire nuestro mapa mundial y trate de encontrar estos países. Para cada uno, hágase esta pregunta:

Where is _________________ ?

Cuando lo localice, responda, **"Here is ......"**

I Speak

Hablo

¿Puede darse cuenta de lo que cada persona en los grabados le está diciendo? Pruebe a repetir lo que dicen y después escríbalo en los espacios en blanco.

1. I speak English

____

(CHER-man)

2. I speak German

____

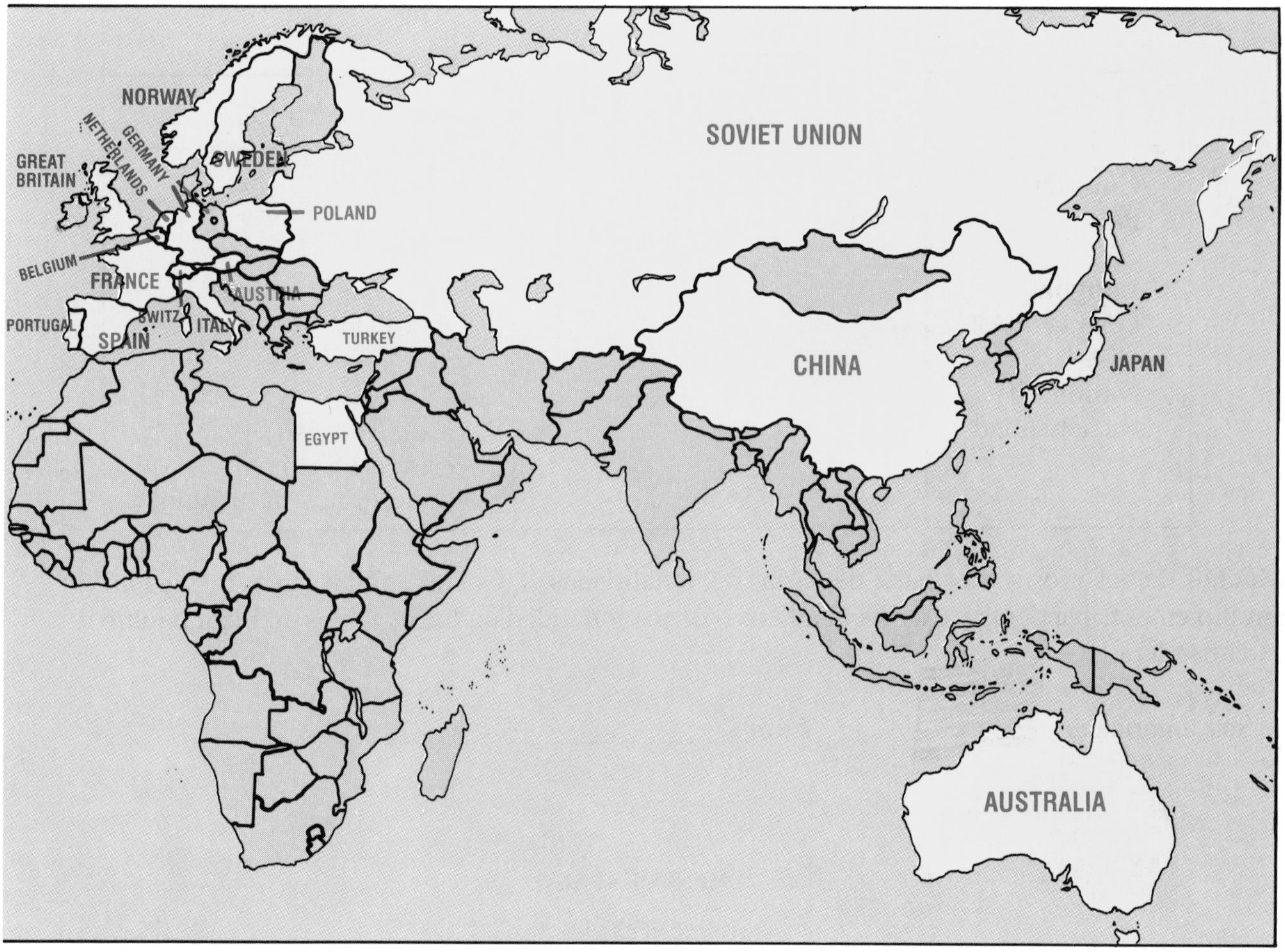

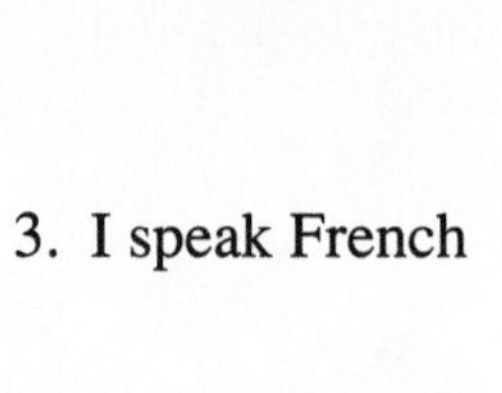

3. I speak French ____________________

4. I speak Spanish ____________________

(RO-chin)
5. I speak Russian ____________________

(chai-NIS)
6. I speak Chinese ____________________

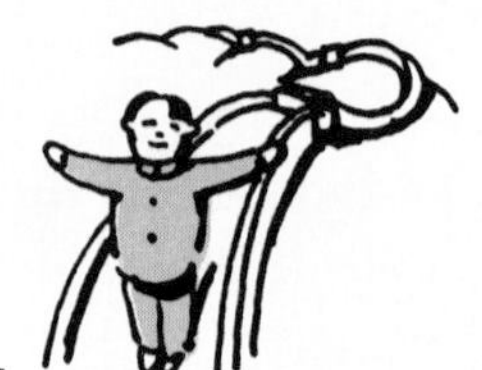

(cha-pa-NIS)
7. I speak Japanese ____________________

I am . . .

Soy . . .

En inglés los nombres de las lenguas o idiomas se escriben con letra mayúscula. También los nombres de los países y los de nacionalidad llevan letra mayúscula.

RESUMEN		
	LETRA MAYUSCULA	EJEMPLO
Country País	todos	**Spain**
Language Lengua	todos	**Spanish**
Nationality Nacionalidad	todos	**I am Spanish** **I am a Spaniard** (masculino y femenino)

Muchos de nosotros somos parte de varias nacionalidades. ¿Cuáles son las suyas? Haga un círculo en esas banderas y escriba el adjetivo de nacionalidad en los espacios en blanco junto a cada bandera.

1. Soy americano. **I am** ____________________ .

RESPUESTAS

1. American

2. Soy austríaco. I am ____________________.

3. Soy australiano. I am ____________________.

4. Soy belga. I am ____________________.

5. Soy británico. I am ____________________

6. Soy canadiense. I am ____________________.

7. Soy chino. I am ____________________.

8. Soy danés. I am ____________________.

9. Soy holandés. I am ____________________.

10. Soy francés. I am ____________________.

11. Soy alemán. I am ____________________.

12. Soy italiano. I am ____________________.

13. Soy japonés. I am ____________________.

14. Soy mexicano. I am ____________________.

RESPUESTAS

2. Austrian **3.** Australian **4.** Belgian **5.** British **6.** Canadian **7.** Chinese **8.** Danish
9. Dutch **10.** French **11.** German **12.** Italian **13.** Japanese **14.** Mexican

15. Soy noruego. **I am** ______________________.

16. Soy polaco. **I am** ______________________.

17. Soy ruso. **I am** ______________________.

18. Soy español. **I am** ______________________.

19. Soy sueco. **I am** ______________________.

20. Soy turco. **I am** ______________________.

Ahora, ¿puede usted contestar estas preguntas nombrando el país donde estos lugares de interés están localizados? Diga la respuesta en voz alta.

(AI-fel) (TAU-er)
1. Where is the Eiffel Tower? ______________________
2. Where is New York? ______________________
3. Where is Acapulco? ______________________
4. Where is Berlin? ______________________
5. Where is the Colisseum? ______________________
6. Where is the Prado Museum? ______________________

(rain)
7. Where is the Rhine River? ______________________
río

RESPUESTAS

15. Norwegian **16.** Polish **17.** Russian **18.** Spanish **19.** Swedish **20.** Turkish

Lugares: 1. It is in France. **2.** It is in the United States. **3.** It is in Mexico. **4.** It is in Germany. **5.** It is in Italy. **6.** It is in Spain. **7.** It is in Germany.

Another Verb

Aquí tenemos un verbo muy importante para las preguntas y los negativos.

Escríbalo y dígalo en voz alta.

(du) **TO DO** hacer	
I do	**we do**
you do	**you do**
he	
she does	**they do**
it	

El verbo **to do** se usa en las preguntas y en el negativo de los verbos. Por ejemplo:

You speak English.	**Do you speak English?**	**You do not speak English.**
He arrives today.	**Does he arrive today?**	**He does not arrive today**

El negativo =
subject + to do + not + verb

Una pregunta =
to do + subject + verb

Escriba las preguntas y los negativos para estas oraciones:

1. **They enter the hotel.** ____________________

2. **We have a reservation.** ____________________

3. **The room has hot water.** ____________________

RESPUESTAS

1. Do they enter the hotel? They do not enter the hotel. **2.** Do we have a reservation? We do not have a reservation. **3.** Does the room have hot water? The room does not have hot water.

More Numbers

Más números

Ahora vamos a aumentar nuestro conocimiento de los números con los *cientos* — **hundreds.** Diga las palabras en voz alta y practique escribiéndolas.

(tu) (JON-dred)
two hundred ____________________
doscientos

three hundred ____________________
trescientos

four hundred ____________________
cuatrocientos

five hundred ____________________
quinientos

six hundred ____________________
seiscientos

seven hundred ____________________
setecientos

eight hundred ____________________
ochocientos

nine hundred ____________________
novecientos

(T'AU-send)
one thousand ____________________
mil

Cuando usted piense que puede contar de cien hasta mil, pruebe y hágalo. Es razonable echar una mirada si usted tiene necesidad. Hágalo bastantes veces y usted no lo necesitará. Delante de **hundred** and **thousand** recuerde que tenemos que usar **one**. Recuerde también que **hundred** no cambia al plural como en español.

Después de **hundred** a menudo usamos **and** delante del otro número, cosa que no pasa en español.

Por ejemplo: **110 = one hundred and ten** o
one hundred ten

Después que usted ha dicho los números en voz alta, escríbalos.

1. 111	**2.** 222	**3.** 333	**4.** 415	**5.** 513	**6.** 647
7. 1776	**8.** 859	**9.** 995	**10.** 2112	**11.** 3564	**12.** 4716

Hablando de un año, en inglés se dice **nineteen ninety** (19-90) en vez de **one thousand and ninety**. Por ejemplo, 1776, el año de la declaración de la independencia, se dice **seventeen seventy-six** (17-76).

RESPUESTAS

1. one hundred and eleven
2. two hundred and twenty-two **3.** three hundred and thirty-three **4.** four hundred and fifteen
5. five hundred and thirteen **6.** six hundred and forty-seven **7.** one thousand seven hundred and seventy-six
8. eight hundred aand fifty-nine **9.** nine hundred and ninety-five **10.** two thousand one hundred and twelve
11. three thousand five hundred and sixty-four **12.** four thousand seven hundred and sixteen

From New York To...

De Nueva York A...

Mire el mapa que muestra las distancias de Nueva York a otros lugares. Pregúntese a qué distancia está Nueva York de una de las ciudades, y conteste la pregunta. Recuerde de usar **miles** porque es la medida que se usa en los Estados Unidos para dar la distancia y la velocidad en las autopistas. Si usted está en la carretera tendrá que hacer cálculos mentales para convertir kilómetros a millas (1kilómetro = 5/8 de milla).

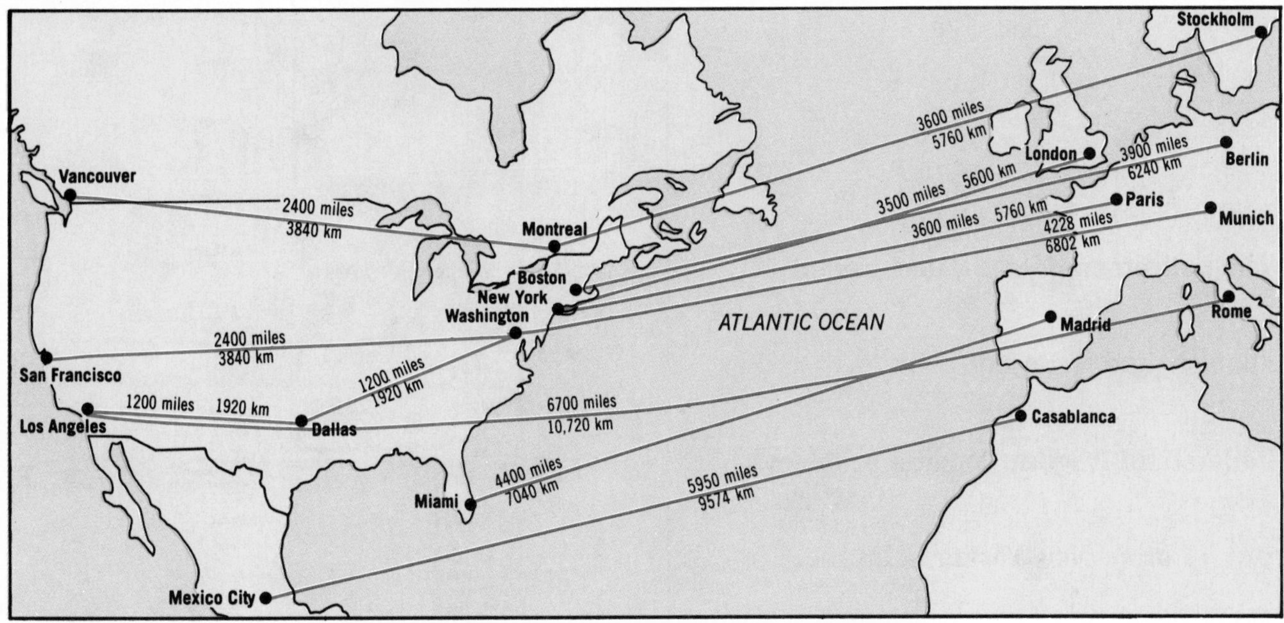

(moils)

1. Is Madrid very far from Miami? Madrid is ______________ miles from Miami.

(clos)

2. Is Los Angeles very close to Dallas? Los Angeles is ________ miles from Dallas.

3. Is it very far from London to New York? London is ________ miles from New York.

I Understand

Entiendo

Conociendo la frustración de no ser comprendido, ¿puede usted imaginarse cómo se sintió esta señora cuando su bolsa desapareció? Ella le está contando sus infortunios a una amiga. Note cómo ella usa el presente para contar en forma muy real una historia que ya pasó. A menudo hacemos lo mismo en español: "Ese hombre viene a mí y me dice..."

I get on the subway at 34th Street and I go to Times Square. I take another train

(pers)

and I go to 59th Street. When I get out of the train, I can't find my purse. I look

metro no puedo encontrar bolsa busco

(po-LIS-men)

for a policeman and I speak to him.

policía

RESPUESTAS

1. 4400 2. 1200 3. 3500

New York's Subways

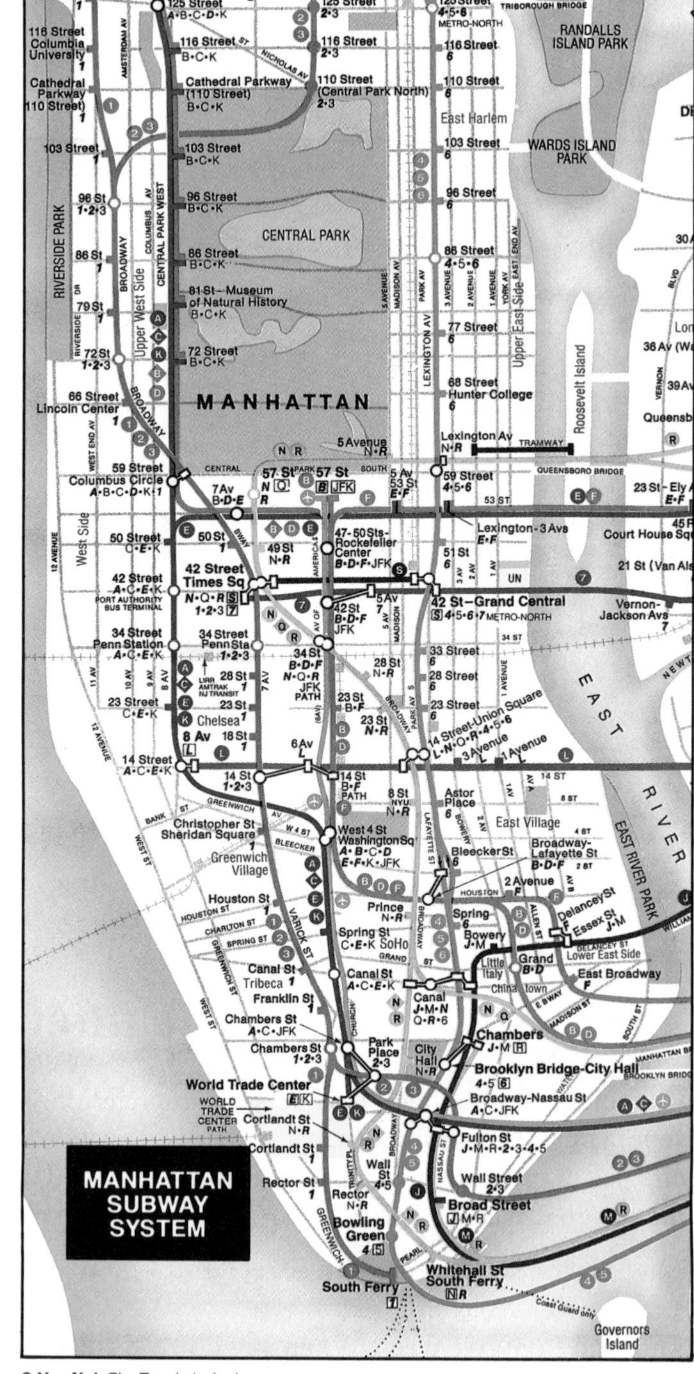

© New York City Transit Authority
Reprinted by permission of the Transit Authority

The policeman does not understand

Spanish and I do not

understand English. What a problem!
¡qué lío!

(jelps) (mi)
But a Latino New Yorker helps me.
ayuda

(ferst)
The policeman asks for my first name,
pide nombre

(a-DRES) (ruit)
my last name and my address. I write
apellido dirección

(in-for-MEI-chen)
the information on a form and then I go
formulario luego

(EM-be-si)
to the Spanish Embassy to say that now
Embajada Española

(GUD-nes)
I do not have my passport. My goodness!
pasaporte

(streinch)
What am I going to do? In a strange city,
hacer extraña

(uit-AUT) (MA-ni)
without a passport and without money, but
sin dinero

(CRE-dit) (liv) (jom) (OF-is)
I have my credit card. I do not leave home without it. I go to the American Express office and
tarjeta de crédito ella

(guiv)
they give me money. When I go back home, I find my purse on the dresser.

¿Qué países asocia usted a menudo con las cosas que aparecen en la lista siguiente? Escríbalos, por favor. Seguramente que usted recuerda.

1. vodka ______________________
2. champagne ______________________
3. Estatua de la Liberdad ______________________
4. Shakespeare ______________________
5. chili ______________________
6. castañuelas ______________________
7. pizza ______________________
8. geishas ______________________

¿Puede escribir los adjetivos de nacionalidad de estos países?

1. Russia ______________________
2. France ______________________
3. United States ______________________
4. Great Britain ______________________
5. Mexico ______________________
6. Spain ______________________
7. Italy ______________________
8. Japan ______________________

Ahora, ¿puede entender y contestar estas preguntas?:

1. What languages do you understand?
2. In Spain, what language do they speak?
3. In Germany, what language do they speak?
4. In the United States, do people *(PI-pel)* gente speak English?
5. Do you speak English?

¿Puede entender estas frases?

The French live in France. They speak and understand French.

The Spanish live in Spain. They speak and understand Spanish.

The Italians live in Italy. They speak and understand Italian.

RESPUESTAS

Países: 1. Russia **2.** France **3.** United States **4.** England **5.** Mexico **6.** Spain **7.** Italy **8.** Japan

Adjetivos: 1. Russian **2.** French **3.** American **4.** English **5.** Mexican **6.** Spanish **7.** Italian **8.** Japanese

8 On the Road

(rod)

En el camino (la carretera)

THE RENTAL CAR

El coche de alquiler

Puede ser que usted quiera alquilar un coche y explorar el campo por usted mismo. Practique las frases en este diálogo hasta que esté seguro de ellas.

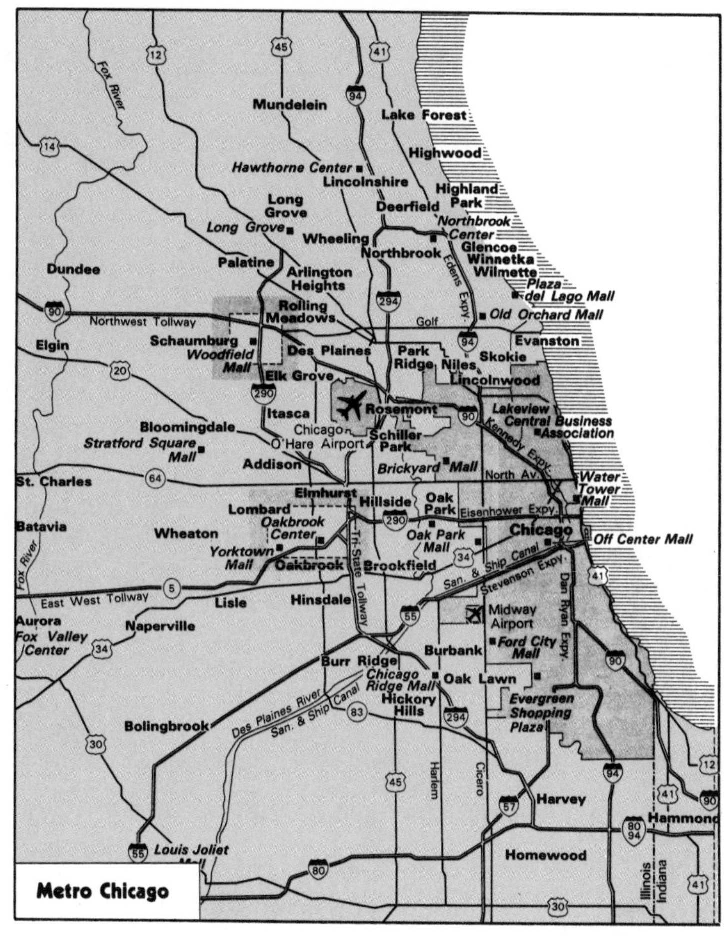

CUSTOMER **Good morning.**

(rent)

I want to rent a car.

alquilar

(jau)

AGENT **For how long?**

Por cuánto tiempo

CUSTOMER **For two weeks.**

(STAN-derd) *(o-to-MA-tik)*

AGENT **Standard shift or automatic?**

¿De cambios o automático?

CUSTOMER **Automatic, and with four doors. Is gas included?**

cuatro portezuelas incluido

(MAI-lech)

AGENT **Not the gas, but the mileage,**

kilometraje

yes. The price is ...... a week.

(DRAI-vers)

Your driver's license, please. And

licencia de conducir

your passport and your credit card.

tarjeta de crédito

(ri-TERN)

CUSTOMER **Can I return the car**

puedo

in the city I am going to?

AGENT **What city?**

CUSTOMER **Chicago.**

(kors)
AGENT **Of course. I am from Chicago. Here you have the keys and the**
Claro aquí

papers. Have a good trip!
documentos

¿Puede llenar los espacios con las palabras que faltan?

1. I want ______________________ a car.

2. ______________________ or automatic?

3. Four ______________________

4. ______________________ license

Useful Expressions

frases útiles

Aquí tiene algunas expresiones útiles que usted podría necesitar al alquilar un coche. Practique escribiéndolas en los espacios en blanco y dígalas en voz alta hasta que las haya aprendido bien.

How much per day? ______________________

(in-CHUR-ens)
How much is the insurance? ______________________

Is gas included? ______________________

(di-PAZ-it)
Do I leave a deposit? ______________________
Dejo deposito

¿Está listo para probar algunas expresiones más que usted podría necesitar en la carretera?

How do I get to ______________________ **?**
Por dónde voy a

(JAI-uei)
Where does this highway go? ______________________

Do you have a road map? ______________________

(DI-turs)
Are there detours on the road? ______________________
desviaciones

RESPUESTAS

1. to rent **2.** shift **3.** seats **4.** driver's

ROAD SIGNS

señales viales

Si usted está pensando conducir mientras está de viaje, pase algún tiempo recordando el significado de estas señales.

Estacionamiento

No derecha

No camiones

No doblar en rojo

Límite de velocidad

Curva peligrosa

Puente estrecho

Pare

No izquierda

Ceda

No vuelta en redondo

Cruce de ferrocarril

Siga derecho

No entrada

Camino se estrecha

Carretera se estrecha

Semáforo

Tráfico en ambas direcciones

Tráfico entra a la derecha

Colina

Resbaladizo

Obreros

Gasolina

Desvío

Calle de una vía

Cruce peligroso

Trabajo de camino

Hospital

The Service Station

La estación de servicio

CUSTOMER **Can you fill the tank?**
¿Puede llenar el tanque?

(*Re-gu-lar*) (*SU-per*) (*EX-tra*)
MANAGER **Regular, super or extra?**

(*uil*) (*TAI-ers*)
CUSTOMER **Regular. I also need oil. Will you please check the tires and the**
aceite llantas

(*UA-ter*)
water?

MANAGER **Everything is O.K.**
todo

CUSTOMER **I am going to Washington, D.C. What is the best way?**

(Él saca un mapa.)

(*jir*) (*T'RU-uei*) (*ist*)
MANAGER **Well, you are here. You must take the thruway going east.**

(*tern*) (*IN-ter-steit*) (*kon-TIN-yu*)
After two miles, turn left onto the Interstate Highway. Then, continue
doble izquierda luego

(*sains*)
about four miles and turn right. Then you should follow the signs.
derecha debe seguir señales

CUSTOMER **Is there much traffic?**

(*taim*) (*LIT-tel*)
MANAGER **At this time, very little.**
muy poco

¿Puede llenar los espacios en blanco con las palabras que faltan?

1. What do we fill the tank with? We fill the tank with ____________________ .

2. What do we put in the motor? We put ____________________________ .

3. What else can you check at the service station? I can check __________ and __________ .

RESPUESTAS

1. gas **2.** oil **3.** tires and water

En los Estados Unidos las autopistas son excelentes. Casi todas son **toll roads**, que quiere decir que para usarlas debe pagar el peaje. Esto se hace generalmente a la salida.

THE CAR

El coche

(jorn)
horn
la bocina

(UIND-child) (UAI-pers)
windshield wipers
el limpiaparabrisas

(STIR-ing) (juil)
steering wheel
el volante

(DACH-bord)
dashboard
el tablero de instrumentos

(clach)
clutch pedal
el pedal de embrague

(GUIR-chift) (stik)
gearshift stick
la palanca de cambio

(breiks)
brakes
el pedal de los frenos

(ak-CEL-er-ei-tor)
accelerator
el acelerador

mirror
el espejo

motor
el motor

(jud)
hood
el capó

(JED-laits)
headlights
los faros

(BAT-e-ri)
battery
la batería

radiator
el radiador

trunk
el baúl

(sit)
seat
el asiento

(BAM-per)
bumper
el parachoques

(LAI-cens) (pleit)
license plate
la placa

roof
la capota

gas pump
la bomba

window
la ventanilla

body of car
la carrocería

(FEN-der)
fender
el parachoque o guardafango

tires
las llantas

(JAN-del)
door handle
el tirador de puerta

gas tank
el tanque

door
la portezuela

Ahora escriba en estos espacios los nombres de las siguientes partes del coche.

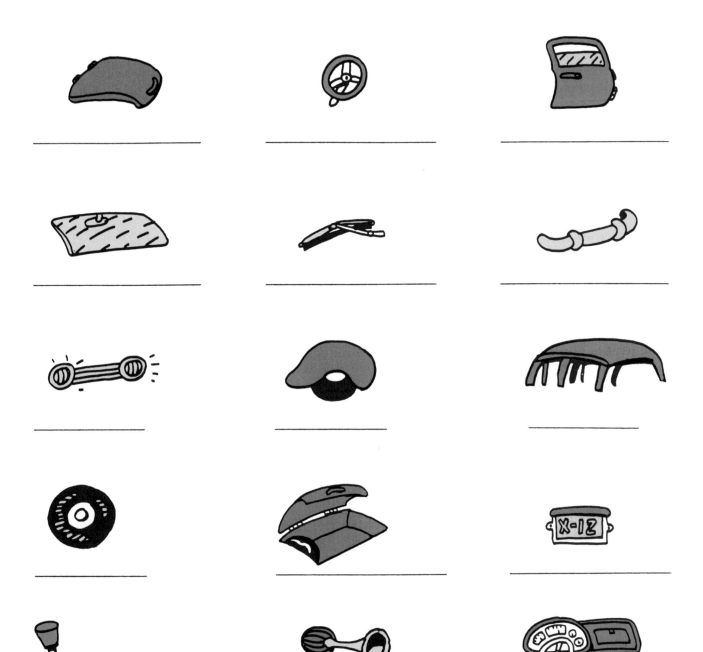

More Useful Expressions for Repairs

(ri-PERZ)

Más expresiones útiles para reparaciones

Si usted alquila un coche averiado, necesitará saber estas expresiones. Escríbalas, por favor, aunque usted vaya en bicicleta (**bike**) o en motocicleta (**motorbike**).

Can you help me? ______________________
ayudarme

(flet)
I have a flat tire. ______________________
pinchazo

(uont) (ron)
The car won't run. ______________________
no marcha

The car won't start. ______________________
no arranca

(uerk)
The brakes don't work. ______________________
no funcionan

(chench)
Can you change the oil. ______________________
cambiar aceite

(ded)
The battery is dead. ______________________
descargada

(mek-A-nik)
I need a mechanic. ______________________
mecánico

(lik)
The radiator has a leak. ______________________
escape

To Be Able To, Can

(EI-bel)

Poder

En español, el verbo *poder* es muy importante. También es así en inglés, y hay algunas cosas que debemos saber sobre este verbo. *Poder* se traduce en inglés como **to be able to**, pero casi nadie lo usa en América. En vez de eso usan **can** (ken), que es un verbo extraño porque no tiene forma infinitiva. Pero aquí está toda la conjugación importante de este verbo tan fácil:

CAN	
I can	**we can**
you can	**you can**
he can	
she can	**they can**
it can	

Note que hay dos formas negativas de **can**:

I CANNOT GO. WE CAN'T COME.

En el primero, el negative **not** se conecta con el verbo **can** formando una sola palabra. En el segundo ejemplo, se omite la "o" de la palabra **not**, sustituyendo un apóstrofe por esta letra: **'t**. Esta segunda forma es más informal y mucho más común.

Por ejemplo: **Can you come to my house? No, I can't.**

TO BE, TO HAVE, CAN + NOT

En inglés, cuando necesita poner los verbos **to be, to have**, o **can** en el negativo, no es necesario usar el verbo **to do + not** (o **n't).**

Usando los verbos t**o be, to have,** y **can**, se dice solamente **not** para crear el negativo.

Por ejemplo:

He is =	**He is not, he isn't**
He has=	**He has not, he hasn't**
He can=	**He cannot, he can't**

¿Comprende estas oraciones?

1. I can speak Spanish.
2. He can drive my car.
3. He cannot drive my car.
4. We can go to Chicago tomorrow.
5. We can't go to Chicago tomorrow.

(AK-si-dent)

AN ACCIDENT

Un Accidente

(KER-fel)

Be careful! (¡Cuidado!) Conducir en un país extranjero quiere decir mirar la carretera aunque la vista sea maravillosa. Usted verá aquí lo que le pasó a alguien que no lo hizo.

DRIVER (*Pensando para sí mientras conduce por una autopista de la montaña*):
conductor

(aim) (VE-ri)

I never look at the traffic signs. I'm not very careful when I drive, and I drive
no tengo mucho cuidado conduzco

(spid) (LI-met)

very fast—I go sixty-five miles an hour, and the speed limit on this highway is
rápido

fifty. The road is very dangerous but I am in a hurry...Oh, my goodness!
peligroso tengo prisa

(Ella tiene un accidente y hace un viraje repentino en la carretera.)

(The policeman arrives)

POLICEMAN **How are you? OK? Your license, please. Where are you from?**
su licencia

Are you a tourist? What is your name and your address?
dirección

Now I am going to call a mechanic.
llamar

(The mechanic arrives)

MECHANIC **You are lucky. You only**
tiene suerte sólo

have a flat tire.

DRIVER **Can you change the tire?**
cambiar llanta

MECHANIC **Do you want to call to**

arrange an appointment?
hacer cita

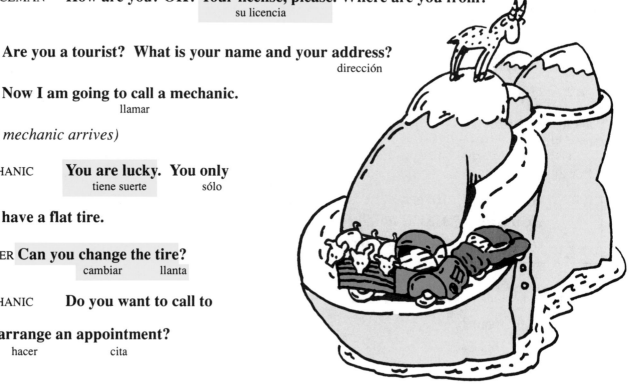

En la historia anterior, hemos usado tres expresiones con el verbo **to be: to be careful, to be in a hurry** y **to be lucky.**

(LA-ki)

La palabra **careful** quiere decir "cuidado," **hurry** es "prisa" y **lucky** es "afortunado." Cuando se usan después de **to be**, quieren decir respectivamente "tener cuidado" o "tener prisa" y tener suerte.

¿Puede escribir en las siguientes líneas las oraciones en inglés para las de español que están a la izquierda?

1. Tengo suerte. ______________________________
2. Tenemos cuidado. ______________________________
3. La familia tiene prisa. ______________________________
4. Ustedes tienen suerte. ______________________________
5. Tengo prisa. ______________________________

(du) (meik) (kom)

TO DO, TO MAKE, TO COME

Hacer, hacer, venir

To do (una actividad), **to make** (una cosa) y **to come** son verbos muy importantes en inglés porque son la base de muchas expresiones familiares.

La tercera persona singular toma **-es** en el verbo **to do,** ¿recuerda?

He does his work.	**She does the job.**
We do our work.	**They do the job.**

RESPUESTAS

1. I am lucky. **2.** We are careful. **3.** The family is in a hurry. **4.** You are lucky. **5.** I am in a hurry.

TO COME = VENIR	
I come	we come
you come	you come
he comes she comes it comes	they come

Llene los espacios en blanco de las siguientes oraciones con la forma correcta de **to do, to make** o **to come**:

1. I ____________ a cake *(keik)* for my husband's birthday *(BERT'-dei)*.
2. You ____________ home from work at 5:00.
3. He ____________ his homework every *(EV-ri)* day.
4. I ____________ not have a telephone.
5. They ____________ too much noise *(nois)*.
6. She ____________ to my house every day.
7. We ____________ not understand this lesson.

RESPUESTAS

1. make **2.** come **3.** does **4.** do
5. make **6.** comes **7.** do

9

(KEM-ping)
Camping
el camping

En los Estados Unidos hay muchos campamentos. La mayoría tiene excelentes facilidades tales como piscinas, áreas de deportes, restaurantes y supermercados. Si usted tiene unos pantalones vaqueros y unas botas duras, estamos listos para empezar; ¡Vámonos!

(e-QÜIP-ment)
EQUIPMENT
El Equipo

Vea si puede encontrar todos los artículos de la lista siguiente:

(FLECH-lait) **flashlight** la linterna de bolsillo

(tri) **tree** el árbol

clothing la ropa

(bruk) **brook** el arroyo

basket la cesta

(SLI-ping) **sleeping bag** el saco para dormir

(ors) **oars** los remos

blanket la frazada o la manta

sun el sol

(ka-NU) **canoe** la canoa

boots las botas

(peil) (BAK-et) **pail, bucket** el cubo

(T'ER-mos) **thermos** el termo

cans las latas

(yu-TEN-sils) **cooking utensils** utensilios de cocina

toilet articles los artículos de tocador

(POR-ta-bel) **portable radio** el radio portátil

box la caja

(MA-tres) **air mattress** el colchón de aire

(FI-ching) (pol) **fishing pole** la caña de pescar

(KORK-skru) **corkscrew** el tirabuzón o el sacacorchos

(MA-ches) **matches** los fósforos o las cerillas

(KAMP-graund)

THE CAMPGROUND

El campamento

(ex-QUIUS) (mi)

MARCOS **Excuse me. Is there a campground around here?**
por aquí

JOHN **Fifteen miles from here.**
A quince millas de aquí

MARCOS **Does it have toilets and drinking water?**
servicios agua potable

(RON-ing) (CHAU-ers) (i-lek-TRI-si-ti)

JOHN **Yes, it has running water, showers, electricity, and gas.**
agua corriente electricidad

(ER-i-a)

There is also a grocery store in the area.

(doz)

MARCOS **Does it cost a lot?**

(RI-son-a-bel) (reits)

JOHN **No, they have reasonable rates. Do you have children?**
razonables precios niños

MARCOS **Yes, I have two. Why?**

(PLEI-graund)

JOHN **Because the campground has a playground. How long are you going to camp out?**
parque infantil acampar

MARCOS **One week in our tent with my wife and two children.**
tienda de campaña

(ma-SQUI-tos)

JOHN **And with the mosquitos too!!!**
también

1. ¿Agua caliente en el campamento? Puede que sí, puede que no. Pero, ¿qué otras dos clases de agua podrá encontrar allí?

____________________ and ____________________

2. Si usted quiere cocinar (**to cook**), ¿sobre qué clases de energía preguntaría usted? ____________ and ____________________

3. ¿Adónde iría usted por provisiones? to the ____________________

4. En los campamentos ¿dónde jugarán los niños? in the ____________________

5. Si usted no tiene un coche-vivienda **(trailer),** ¿qué es lo que más le gustará para dormir y vivir? In a ____________________

RESPUESTAS

1. drinking water and running water **2.** electricity and gas **3.** to the grocery store **4.** in the playground **5.** in a tent

AT THE GROCERY STORE

(GRO-se-ri) *(stor)*

En la tienda de comestibles

MARIA **Good morning. I need some**
necesito unos
(NU-dels) *(BAT-er)*
noodles, butter, and a little bit (a
fideos mantequilla
(jam)
piece) of ham.
jamón

And do you have matches?
fósforos

(CHOP-ki-per) *(BAN-fai-ers)* *(for-BID-den)*
SHOPKEEPER **Are you camping? Bonfires are forbidden in the campground.**
Tendera fogatas prohibidas

(stov) *(solt)*
MARIA **We have a stove. I also need a little red wine, milk, salt and bread.**
estufa poco rojo vino leche sal pan

(The shopkeeper puts everything in a bag.)
mete bolsa

MARIA **How much is it?**

SHOPKEEPER **Eight dollars.**

(TREV-e-lers)
MARIA **Can you cash a traveler's check for twenty dollars?**
cambiar cheque de viajero

¿Qué palabras de la conversación asocia usted con los artículos de la siguiente lista? (Puede haber más de una respuesta)

1. butter ______________
2. matches ______________
3. traveler's check ______________
4. to cook ______________
5. to drink ______________
6. cigarettes ______________

RESPUESTAS

1. bread **2.** stove **3.** bonfire, stove **4.** wine, milk **5.** dollars **6.** matches

To Need, To Have To Do Something

necesitar, tener que hacer algo

Estos son verbos muy útiles de saber cuando está en un país extranjero. **To need** se usa con cosas o verbos, pero **to have to** se usa con verbos solamente.

Por ejemplo:

I need food.
I need to buy food.
I have to buy food.
Recuerde: el verbo **to have** es irregular. Diga **he has.**

Diga estas oraciones en voz alta:

I need a tent when I go camping.
You have to buy food today.
My mother needs her suitcase because she has to pack it.
We always have to be polite.
He doesn't need to sleep much.
mucho
She has to sleep a lot.
mucho

¿Puede contestar estas preguntas en inglés? Escríbalas y diga las respuestas.

1. Do you need to eat in order to live?
para
2. Do you have to eat in order to live?
3. Does he need a ticket?
4. Do we need to take a bus to the museum?
5. What do you need when you go camping?

RESPUESTAS

1. Yes, you need to eat in order to live. **2.** Yes, you have to eat in order to live. **3.** Yes, he needs a ticket. (No, he doesn't need a ticket.) **4.** Yes, we need to take a bus to the museum. (No, we don't need to take a bus to the museum.) **5.** You need food, a tent, matches, a flashlight, clothes, etc.

(draiv)
TO DRIVE = CONDUCIR

Para llegar al campamento usted necesitará conducir un poco.
Mr. Sánchez drives carefully. He never drives too fast.

¿Puede contestar estas preguntas? Escriba las respuestas y dígalas en voz alta.

1. Do you drive very fast? ______________________________

2. Do you drive your car to work? ______________________________
   su trabajo

3. Do you drive a car or a van? ______________________________
   camioneta

Aquí está otro verbo muy práctico: **TO KNOW**. Pero en inglés, se puede usar este mismo verbo para decir **TO KNOW A PERSON** (conocer) y también **TO KNOW A FACT** or **TO KNOW HOW TO DO SOMETHING** (saber).

I know	we know
you know	you know
he knows	they know
she	

RESPUESTAS

1. Yes, I drive very fast. No, I don't drive very fast. **2.** I drive a car to my work. I don't drive a car to my work. **3.** I drive a car. I drive a van.

¿Puede leer estas oraciones en voz alta y entender lo que quieren decir?

1. Do we know how to speak Spanish? ______________________________ .
2. Do you know Mrs. Jones? ______________________________ .
3. I know where the station is. ______________________________ .
4. They know the girl's name. ______________________________ .
5. I don't know my address. ______________________________ .

How do you say...?

¿Cómo se dice...?

El verbo *tener* puede ser usado con diferentes adjetivos para expresar cómo nos sentimos. Los siguientes dibujos le dirán el significado de cada uno:

He is cold.

She is hot.

They are afraid.

Mr. Smith is sleepy.

RESPUESTAS

1. ¿Sabemos hablar español? **2.** ¿Conoce usted a la señora Jones? **3.** Yo sé dónde está la estación. **4.** Ellos saben como se llama la muchacha. **5.** Yo no sé mi dirección.

Mrs. Smith is embarrassed
tiene vergüenza

He is thirsty.
tiene sed

He is hungry.
tiene hambre

Pruebe a decir en voz alta todas las anteriores oraciones. Cuando esté seguro de cada una de ellas, cúbralas con una hoja de papel y mire solamente los dibujos. ¿Puede describir lo que cada uno sugiere? Después, hágalos sin orden para examinarse. Son lo bastante importante para aprenderlas bien puesto que ellas describen estados que nosotros sentimos en algún momento.

¿Puede describir ahora sus propios sentimientos cuando confronte las siguientes circunstancias? Escríbalas.

1. Un día de invierno I am ______________________________
2. Usted no ha comido. ______________________________
3. Una noche misteriosa ______________________________
4. Un día sofocante (dos contestaciones) ______________________________
5. Usted olvidó el cumpleaños de su mamá. ______________________________
6. Usted ha estado conduciendo por diez horas. ______________________________

RESPUESTAS

I am....
1. I am cold. **2.** I am hungry.
3. I am afraid. **4.** I am hot. I am thirsty.
5. I am embarrassed. **6.** I am sleepy.

Cuando usted necesita preguntar sobre algo, empiece con **"Do you know if...?"**

Por ejemplo: **Do you know if there is running water in the campground?**

Pruebe haciendo la misma clase de pregunta sobre otras cosas en el campamento que usted quisiera saber y use las nuevas palabras que acaba de aprender. **"Do you know if...in the campground?"** Cambie la pregunta: **"Do you know if they have...?"**

Por favor, llene los espacios en blanco a continuación con la forma correcta de los verbos apropiados. Si no está seguro, revise las lecciones anteriores:

1. I ______________________ not Spanish.
2. I don't ______________________ drive a car.
3. They ______________________ ten dollars.
4. I ______________________ thirsty and I am going to drink water.
5. Now he ______________________ at home.
   en casa
6. I don't ______________________ the car.
7. She ______________________ matches in the store.
8. We don't ______________________ our meals in the hotel.
9. Do you ______________________ if there is drinking water in the campground?
10. I ______________________ to take the blanket.

RESPUESTAS

1. am **2.** know how **3.** have **4.** am **5.** is **6.** drive **7.** buys **8.** eat **9.** know **10.** need

10

(UE-t'er) *(SI-zonz)* *(deiz)*

Weather, Seasons, Days,

(uiks) *(mont's)*

Weeks and Months

El tiempo, las estaciones, los días, las semanas, y los meses

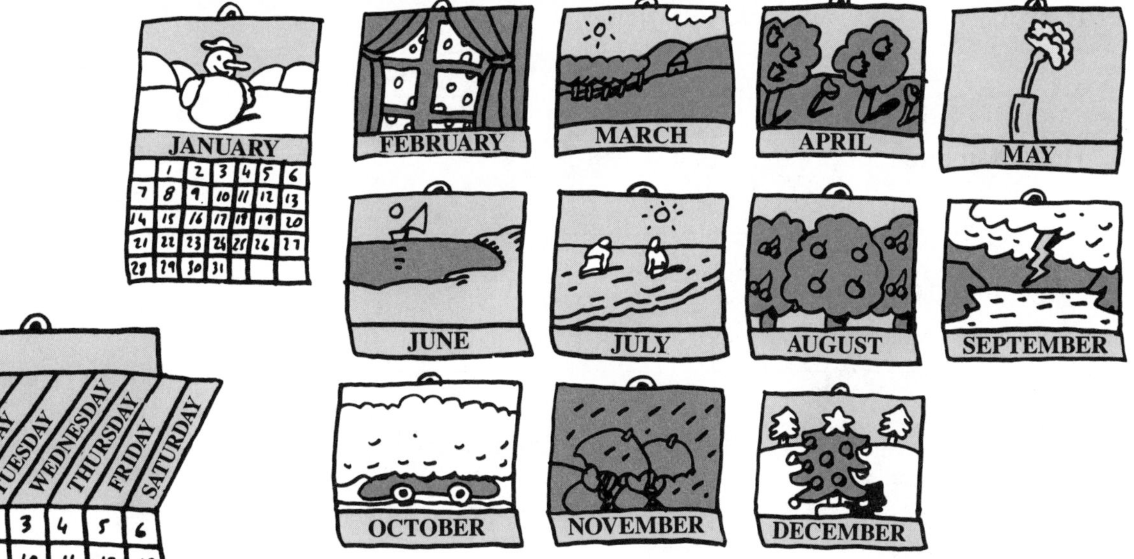

Diga los nombres de las estaciones y de cada uno de los meses que pertenecen a ellas varias veces. Cuando usted se sienta seguro de ellos, escriba la letra de las estaciones en la Columna 2 delante de los meses que pertenecen a ellas en la Columna 1:

1

______ *(mei)* **May** mayo

______ *(O-gust)* **August** agosto

______ *(di-CEM-ber)* **December** diciembre

______ *(chu-LAI)* **July** julio

______ *(EI-pril)* **April** abril

______ *(no-VEM-ber)* **November** noviembre

______ *(chun)* **June** junio

______ *(CHAN-yu-e-ri)* **January** enero

______ *(ok-TO-ber)* **October** octubre

______ *(FEB-ru-e-ri)* **February** febrero

______ *(sep-TEM-ber)* **September** septiembre

______ *(march)* **March** marzo

2

A. *(UIN-ter)* **winter** el invierno

B. *(spring)* **spring** la primavera

C. *(SAM-mer)* **summer** el verano

D. **fall** o *(O-tum)* **autumn** el otoño

Aquí están los días de la semana:

(MON-dei)	*(TUS-dei)*	*(UENS-dei)*	*(T'ERS-dei)*	*(FRAI-dei)*	*(SAT-er-dei)*	*(SON-dei)*
Monday	**Tuesday**	**Wednesday**	**Thursday**	**Friday**	**Saturday**	**Sunday**
lunes	martes	miércoles	jueves	viernes	sábado	domingo

¿Puede usted contestar las siguientes preguntas? Escriba las contestaciones y dígalas en voz alta:

1. How many months are there in a year?

   ____

2. How many seasons are there in a year?

   ____

3. How many months are there in a season?

   ____

4. What month has 28 days?

   ____

5. How many days are there in December?

   ____

6. What months have 30 days?

   ____

¿Puede escribir en los espacios en blanco los meses que corresponden a cada estación? En inglés, los meses se escriben con letra mayúscula.

1. The months in spring are ____________, ____________, and ____________ .
2. The months in summer are ____________, ____________, and ____________ .
3. The months in fall are ____________, ____________, and ____________ .
4. The months in winter are ____________, ____________, and ____________ .

RESPUESTAS

Meses: 1. There are twelve months in a year. **2.** There are four seasons in a year. **3.** There are three months in a season. **4.** February has 28 days. **5.** There are 31 days in December. **6.** April, June, September and November have 30 days.

Estaciones: 1. March, April, May **2.** June, July, August **3.** September, October, November **4.** December, January, February

Trate de escribir los nombres de las estaciones:

1. December, January and February are the months of ______________.

2. March, April and May are the months of ______________.

3. June, July and August are the months of ______________.

4. September, October and November are the months of ______________.

How Is The Weather?

¿Qué tiempo hace?

Para describir las condiciones del tiempo en inglés, se usa el verbo **to be** + el nombre de la condición. Por ejemplo: **It is hot in July. It is cold in winter.** Refiérase a los grabados y repita las oraciones que describen el tiempo de las distintas estaciones y los diferentes meses:

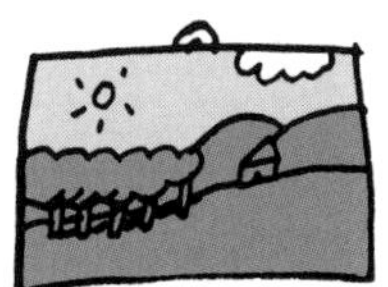

The weather is fine.
Hace buen tiempo.

(SAN-i)
It is sunny.
Hace sol.

(REIN-ing)
It is raining.
Llueve.

(kold)
It is cold.
Hace frío.

It is snowing.
Nieva.

(jat)
It is hot.
Hace calor.

The weather is bad.
Hace mal tiempo.

Practique cubriendo las expresiones y vea si puede describir el tiempo que corresponde a los meses y a las estaciones. Por ejemplo: **It is windy in March, it is cool in the fall.**
hace viento — hace fresco

RESPUESTAS

1. winter **2.** spring **3.** summer **4.** fall

¿Ha practicado bastante? Vamos a ver cómo puede llenar los espacios en blanco. Puede haber más de una posibilidad en algunos casos.

1. In spring it is ______________
2. In August is it ______________
3. In March it is ______________
4. In winter it is ______________
5. It is ______________ in the summer.
6. It is ______________ in the winter.

Para decir "mucho calor," "mucho frío," etc., usamos **very** delante de la palabra que expresa el tiempo. Ejemplo: **In August it is very hot. In winter it is very cold.**

Pero cuando hablamos de la lluvia y de la nieve, usamos **a lot of**.
Por ejemplo, **There is a lot of rain today**.

Llene los espacios en blanco con **very** o **a lot of**.

1. In summer it is ______________ hot.
2. In winter there is ______________ snow.
3. You need an umbrella when it is ______________ rainy.
4. You need an umbrella when there is ______________ rain.
5. Is it ______________ cold today?

Mire otra vez los grabados del principio de esta sección. Diga las expresiones en voz alta hasta que se sienta cómodo con ellas. Luego úselas para describir el tiempo de hoy.

SALLY **What time is it?**

SUSAN **It is seven-thirty.**

(ol-RE-di)
SALLY **My goodness! Already? Is it a nice day?**
ya — buen día

SUSAN **I don't know—why?**

RESPUESTAS

1. very **2.** a lot of **3.** very **4.** a lot of **5.** very

(bich)
SALLY **Can we go to the beach? If it is sunny and the sky is clear, we**
playa

can get a nice tan. Let's look for a bathing suit.
bronceado Vamos a buscar un traje de baño.

SUSAN **Yes, I want to go to the beach, too.** (*She goes to the window and looks out.)*

My goodness! What a day! You know, the weather is very bad. It is snowing

(VIN-di)
and very cold and very windy.

(uid)
We'd better look for skis!
esquis

Descriptive Words
Palabras descriptivas

A diferencia del español, que usa *ser* y *estar* según ciertas condiciones, en inglés hay sólo un verbo —**to be**—y este verbo se usa igualmente para condiciones permanentes y temporales. Mire cómo se dicen en inglés estas oraciones:

1. The girl is beautiful.
hermosa

2. The man is ugly. *(AG-li)*
feo

3. The boy is pleasant. *(PLE-sent)*
agradable

4. The lady is unpleasant.
desagradable

5. The mirror is dirty.
sucio

6. The mirror is clean.
limpio

7. The door is open.
abierta

8. The door is closed.
cerrada

Aquí están algunos de los adjetivos más comunes:

tall, short — alto, bajo

young, old — joven, viejo

happy, sad, unhappy — feliz, triste

(PRI-ti) *(AG-li)*
pretty, handsome, ugly — bonito, feo

(smol) *(LI-tel)*
big, small, little — grande, pequeño, poco

(gud)
good, bad — bueno, malo

Llene los espacios en blanco con el adjetivo apropiado.

1. The girl is not ugly. She is ______________________.
2. The door is not open. It is ______________________.
3. My son is not old. He is ______________________.
4. The baby is not big. He is ______________________.
5. The bus driver is not handsome. He is ______________________.
6. The Empire State Building is not short. It is ______________________.
7. His shirt is not clean. It is ______________________.

(tol)
tall
alto

(chort)
short
bajo

(yong)
young
joven

(TAI-erd)
tired
cansado

(sik)
sick
enfermo

(sed)
sad
triste

(JEND-som)
handsome
guapo

(JAP-i)
happy
contento

RESPUESTAS

1. beautiful **2.** closed **3.** young **4.** little **5.** ugly **6.** tall **7.** dirty

Ahora que sabe muchas palabras nuevas para describir las cosas, trate de contestar las siguientes preguntas sobre usted mismo, empezando con **Yes, I am** ... o **No, I am not** ...

1. Are you short?
2. Are you tall?
3. Are you young?
4. Are you pretty (o handsome)?
5. Are you sad when it rains?
6. Are you small?
7. Are you happy when it's nice weather?
8. Are you unhappy today? (¡Esperamos que no!)
9. Are you unpleasant? (¡Por supuesto que no!)

En inglés los adjetivos se usan siempre delante de las palabras que ellos describen, por ejemplo: a **pretty girl, two tall boys, a happy face**, etc.

Adjective Endings

Terminación de Adjetivos

Note que en inglés, los adjetivos se usan con la misma forma—no importa el número o el género de las palabras que ellos describen. Por ejemplo:

The tall boy.	**The tall girl.**
The tall boys.	**The tall girls.**

Nunca hay concordancia entre el adjetivo y el nombre en inglés. ¡Los adjetivos son invariables!

RESPUESTAS

Yes, I am (No, I am not) short (tall, young, pretty or handsome, sad, small, happy, unhappy, unpleasant).

Question Words

Preguntas

Como turista, usted probablemente hará muchas preguntas sobre adónde ir, cómo llegar allí, cuánto cuesta, etc. Practique estas preguntas y dígalas en voz alta:

(ju) **Who?**	=	¿quién?
(juat) **What?**	=	¿qué?
(juen) **When?**	=	¿cuándo?
(juer) **Where?**	=	¿dónde?
(jou) **How?**	=	¿cómo?
How much? *(moch)*	=	¿cuánto?
How many?	=	¿cuántos?
(juai) **Why?**	=	¿por qué?

Trate de usar estas palabras en las frases siguientes:

1. ______________ does the train leave?

2. ______________ can't we go to San Francisco?

3. ______________ is that man?

RESPUESTAS

1. When 2. Why 3. Who

4. ______________ is in this box?
caja

5. ______________ does this cost?

6. ______________ are you, Jane?

7. ______________ is the hotel?

¿Puede comprender estas preguntas?

1. When does the plane for Los Angeles leave?

2. Where is the hotel?

3. How much does a round trip ticket cost?

4. How many people fit in the car?
caber

THE WEATHER FORECAST

El pronóstico del tiempo

(UAN-der-ful)
Today is going to be a wonderful day in Chicago,

with warm temperatures for this time of year.

(pos-si-BIL-iti) (ZI-ro)
The possibility of rain is zero.

(skai)
The sky will be clear, and it is not going to be very windy.

It's a perfect day to go to the beach and get a nice tan.

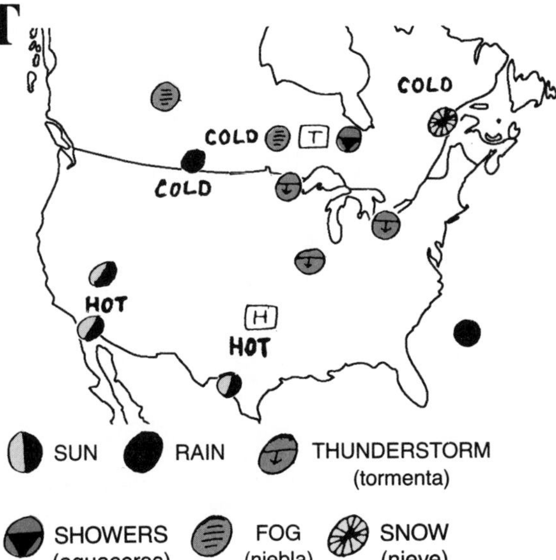

RESPUESTAS

4. What **5.** How much **6.** How **7.** Where

If Today Is Tuesday, I Should...

Si hoy es jueves, debo...

Mire otra vez el calendario al principio de esta sección. Practique diciendo en voz alta los nombres de los días de la semana. Usted debe saber que en inglés los días de la semana se escriben empezando con letra mayúscula. Practique escribiéndolos hasta que los sepa bien. ¡Usted puede necesitarlos para una cita importante!

En inglés se usa **on** delante de los días de la semana. Por ejemplo: **I am going to the store on Saturday.** Antes de las fechas también se usa **on**. Por ejemplo: **I was born on June 29th, 1964.** Para los días del mes se usan los números ordinales. Ejemplo: **the fifth of June, December thirty-first**, etc.

Vamos a practicar estas formas. Use las dos frases en los espacios siguientes para formar una oración. Esté seguro de unir las dos partes con la palabra **on**, por ejemplo: **I am going home/ Monday—I am going home on Monday**. Escriba las oraciones y dígalas en voz alta:

We go to church/Sunday. ____________________

My mother goes to the store/Saturday. ____________________

I go to my grandmother's house/Wednesday. ____________________

They go to the beach/Monday. ____________________

1. What is today's date?

Today is the ____________

of____________ .

RESPUESTAS

1. fecha de hoy

2. When is your birthday?

My birthday is the ____________________ of ____________________ .

3. When is Christmas?

Christmas is the ____________________ of ____________________ .

4. When is Easter this year?

This year Easter is ____ .

5. When is Thanksgiving this year?

This year Thanksgiving is ________________________________ .

6. When is the national holiday in the United States?

It is the ____________________ of ____________________ .

NOTE: Se puede decir **the sixth of June** o también **June sixth**-el significado es lo mismo.

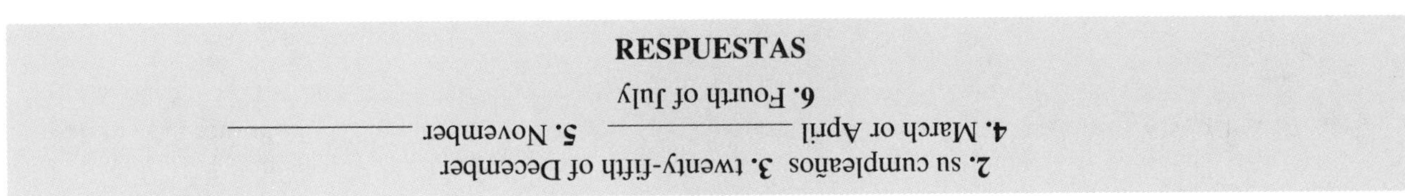

RESPUESTAS

2. su cumpleaños **3.** twenty-fifth of December
4. March or April __________ **5.** November __________
6. Fourth of July

Tache la palabra o expresión que no pertenece a cada grupo:

1. summer beach snow warm
2. June July January August
3. it rains it snows it is bad weather it is sunny
4. Mexico Spanish French German
5. Christmas Thanksgiving your birthday Easter
6. fall Monday spring summer

¿Cuántas palabras escondidas puede encontrar? Haga un círculo alrededor de ellas siguiendo nuestro ejemplo. Hay siete más.

C T L O T M R O A S
O U B A Q M A R C H
L E N P V D R M R S
D S P R I N G P W U
A D S I J S V U I N
M A H L N Q E S N N
C Y A U T U M N D Y
S U T F O R J L Y O

RESPUESTAS

1. snow **2.** January **3.** it is sunny **4.** Mexico **5.** your birthday **6.** Monday

Palabras escondidas: 1. Tuesday **2.** autumn **3.** windy **4.** sunny **5.** March **6.** April **7.** spring

11 Planes and Tourism

(pleinz) *(TU-rizm)*

Planes and Tourism

El avión y el turismo

¿Puede encontrar a las siguientes personas y cosas en la escena del aeropuerto?

(ER-lain)
airline
la línea aérea

(COS-toms) (AI-chent)
customs agent
el aduanero

(STU-er-des)
stewardess
la azafata
(Spain)
la aeromoza
(Latin America)

ticket counter
la taquilla

(gueit)
gate
la puerta

escalator
la escalera mecánica

(PAI-lot)
pilot
el piloto

(trok)
truck
el camión

Mr. Suárez gets (sube) **on the plane that goes** *(goz)* **to New York. He is taking** *(TEI-king)* (hace) **a business trip** *(BIZ-nes)* (negocios). **He looks for a seat** *(sit)* (asiento) **next to a window** (ventanilla) **and reads** *(rids)* (lee) **his newspaper during** *(DU-ring)* (durante) **the flight. There is another** *(e-NO-t'er)* (otro) **man seated** *(SI-ted)* (sentado) **next to him, and they talk a little during the flight.**

MR. SUAREZ **Are you Spanish?**

OTHER MAN **No, I am Mexican. I am on a vacation. And you?**
de vacaciones

Where do you come from?

MR. SUAREZ **I am Colombian. I am taking a business trip to New York.**
hago

PILOT'S VOICE **We are going to arrive in New York in five hours. The weather is very good there. The skies are clear and the temperature is 82 degrees.**
grados

Thank you, ladies and gentlemen.
señoras y señores

OTHER MAN **When do we arrive in New York?**

MR. SUAREZ **At three-thirty in the afternoon, I hope.**

OTHER MAN **Why do you say "I hope?"**

MR. SUAREZ **Because I am afraid of planes and heights.**
alturas

OTHER MAN **Are you kidding? Planes are very safe.**
seguros

A VOICE **Good afternoon, ladies and gentlemen. I am not your pilot. The pilot is a little sick.**
buenas tardes

(JAI-chek-er)
I am your highjacker! We are going to take a trip to Cuba.

Vea si usted sabe cómo contestar las siguientes preguntas sobre la conversación.

(kaind)
1. What kind of trip is Mr. Suárez taking?
2. Where is Mr. Suárez looking for a seat?
3. What does Mr. Suárez read?
4. Where does the other man come from?
5. When are the passengers arriving in New York?
6. What is Mr. Suárez afraid of?
7. Is the other man afraid?
8. Who talks at the end?

RESPUESTAS

1. He is taking a business trip.
2. He looks for a seat next to the window.
3. He reads the newspaper.
4. He comes from Mexico.
5. They will arrive in five hours.
6. He is afraid of planes and heights.
7. No, he is not afraid.
8. A highjacker.

(plein)
The Plane
El avión

window
la ventanilla

(SMO-kers) (SEK-chan)
smokers' section
fumadores

non-smokers' section
no fumadores

(RON-wei)
runway
la pista

(KA-bin)
cabin
la cabina

seat belt
el cinturón de seguridad

seat
el asiento

tray
la bandeja

Practique las nuevas palabras en el grabado. ¿No está seguro de ellas todavía? Si es así, vea qué fácilmente usted puede escribir las palabras que faltan en los espacios en blanco.

1. I want a ______________ on the aisle. *(ail)* de pasillo
2. I don't smoke; I want a seat in the______________ section.
3. The plane is on the ______________ .
4. The seat has a ______________ .
5. The stewardess is carrying ______________. lleva
6. We look through ______________ . por la

RESPUESTAS

1. seat **2.** non-smoker's **3.** runway **4.** seat belt **5.** tray **6.** window

Some Grammar

Algo de gramática

En este grabado vemos que la acción de una persona afecta a otra persona o cosa. En las siguientes oraciones escriba la palabra **actor** debajo de la persona que está haciendo la acción y **acted upon** debajo de la persona o cosa que recibe la acción.

The boy looks at the pictures.

The man buys a ticket.

The father buys a newspaper.

The bellboy takes the suitcase.

En los casos anteriores, la persona o cosa que recibe la acción del verbo es el complemento directo o indirecto.
En español el complemento concuerda en género y número con el nombre que sustituye.

Por ejemplo:

El muchacho mira el cuadro./ El muchacho lo mira.
El señor compra el billete./ El señor lo compra.
El mozo lleva la maleta./ El mozo la lleva.

En inglés las formas usadas para el complemento directo e indirecto son éstas:

me	**us**
him	**her**
it (things)	**them** (people or things)
you (sing.)	**you** (pl.)

Estas formas siempre se usan después del verbo:

The boy looks at the picture. He looks at it.
The man buys two tickets. He buys them.
The lady greets me.
The boy greets the girl. He greets her.
The girl greets the boy. She greets him.
I love you!

En cada uno de los casos siguientes reemplace el complemento con una de las variantes pronominales de la lista anterior.

Ejemplo: I follow the instructions. I follow them.

1. She drinks a soda. ______________________________.
2. My father takes some photographs. ______________________________.
3. I drive a car. ______________________________.
4. We see Mary. ______________________________.
5. Mary sees John. ______________________________.

actor (sujeto) + **direct object** (persona o cosa que recibe la acción) + **verb** (acción)

El cuadro siguiente le muestra las formas que usamos para decir *lo, la, los* y *las* cuando las personas o cosas reciben la acción del verbo.

Cuando yo recibo la acción del verbo, uso **me. The boy looks at me.** Cuando nosotros recibimos la acción, usamos **us. The boy looks at us.** En inglés solamente hay una forma para la segunda persona singular y plural: **you** es el equivalente de las formas *te, lo, la, los* y *las*.

¿Puede usted contestar estas preguntas fáciles? Use una de las palabras que acabamos de aprender (**him**, **her**, **it**, **them**) por las palabras indicadas. Tenga cuidado de colocarlas después del verbo.

1. Are you looking for the hotel? ______________________________.
2. Do you tell the truth? ______________________________.
3. Do you buy tickets? ______________________________.
4. Are you writing to Mary? ______________________________.
5. Do you visit your brother? ______________________________.
6. Do you buy magazines (revistas)? ______________________________.

RESPUESTAS

1. Yes, I am looking for it. **2.** Yes, I tell it. **3.** Yes, I buy them.
4. Yes, I am writing to her. **5.** Yes, I visit him. **6.** Yes, I buy them.

7. Do you want your dinner now? ______________________________ .

8. Would you like this seat? ______________________________ .

(tur)

A Tour Around New York City

Una excursión por la ciudad de Nueva York

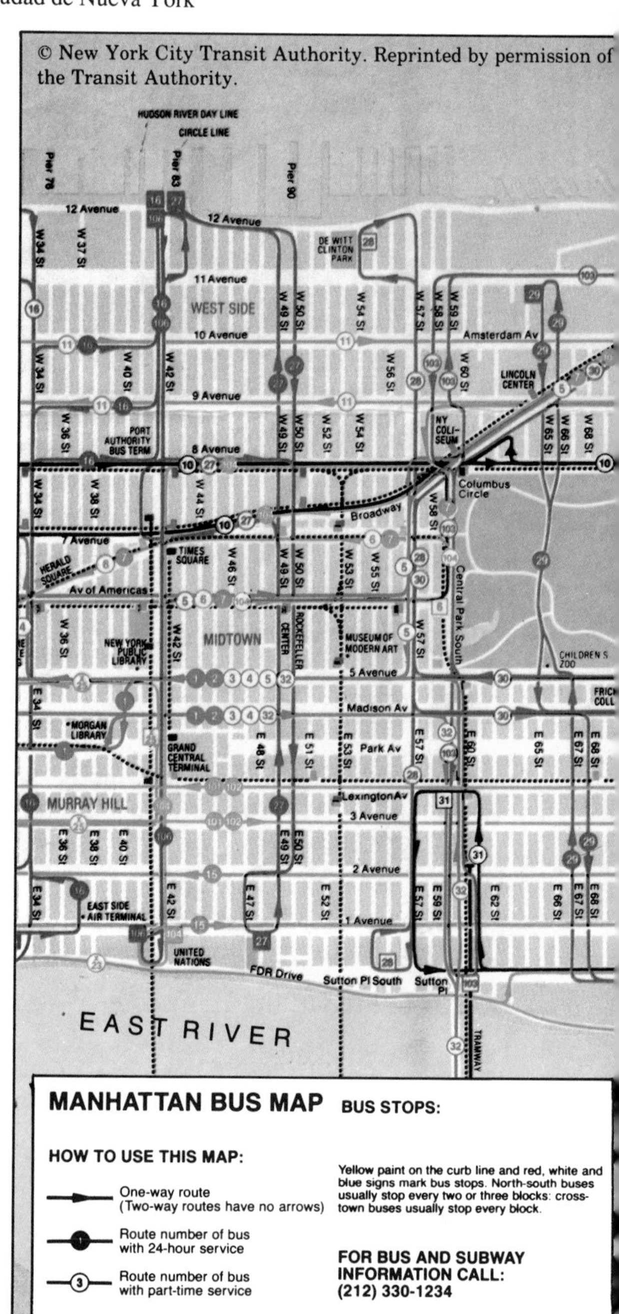

(gaid)
GUIDE **Good afternoon, ladies and gentlemen.**
damas caballeros

(RE-di)
Are you ready? Let's begin our tour.
listos comenzar

(Los turistas suben al autobús y toman sus asientos.)

MR. LOPEZ (a la señora sentada junto a él) **This is the first time that I am in New York City. I want to get to know this city well during my two- week vacation here.**
vez que conocer durante

RESPUESTAS

7. Yes, I want it now. **8.** Yes, I would like it.

LADY
ver

You can see here on your right the Metropolitan Museum of Art,
derecha

which has some of the world's best paintings.
mejores pinturas

MR. LOPEZ **I like Velázquez.**

LADY **I am certain the Metropolitan has many of Velazquez's paintings.**

(weit)
MR LOPEZ **I can't wait to see them.**

LADY **Now we are passing by Central Park, the most popular park in**
parque

New York City.

MR. LOPEZ **It is not like the Buen Retiro Park in Madrid.**

(FAUN-ten)
LADY **The beautiful fountain is the Belvedere. And in front we see**
fuente vemos

(FEI-mos)
the famous Plaza Hotel.

MR. LOPEZ **Where are we going now?**

(SI-port) *(CHAI-na-taun)*
LADY **Downtown to the South Street Seaport and Chinatown. We are**

(uain) *(pleis)*
going to have a glass of wine in a nice place with a fantastic

view of the harbor.
puerto

MR. LOPEZ **Madam, how do you know so much?**
tanto

LADY **Because I am the guide's wife!**

Haga un círculo en la contestación correcta entre las que están en paréntesis después de cada pregunta.

1. What is the Metropolitan? (an art museum, a church, a station)

2. What is the Plaza? (a park, a hotel, a theatre)

RESPUESTAS

1. an art museum **2.** a hotel

3. What is the name of a fountain in New York City? (Central, Columbus, Belvedere)

4. Where is the South Street Seaport? (midtown *(centro)*, downtown, uptown)

5. What are we going to have at a nice place? (water, wine, beer)

Vamos a repasar un poco el uso de **it** y **them**, que aprendimos anteriormente. Llene los espacios en blanco con las formas correctas que representan las palabras escritas en paréntesis. Diga cada oración en voz alta para acostumbrarse al uso de ellas. Luego diga lo que cada oración significa en español. La primera oración está hecha ya para servirle de ejemplo.

1. We look at them (pictures) ______________________ in the museum.

2. My father pays for (tickets) ______________________ at the box office.

3. I understand (the schedule) ______________________ .

4. I read the newspaper ______________________ in the morning.
   periódico mañana

5. We eat (fruit) ______________ in the hotel room.

6. We drink (soda) ______________ in the cafeteria.

No Smoking

Recientemente se han aprobado leyes por todos los Estados Unidos prohibiendo fumar excepto en áreas especiales para esto. Por ejemplo, fumar generalmente no es permitido en elevadores, tiendas, museos, u oficinas. En los restaurantes, fumar sólo es permitido en la sección de fumar.
¡Tenga cuidado y obedezca los avisos!

RESPUESTAS

3. Belvedere **4.** downtown **5.** beer

It/them:

1. them/ Las miramos en el museo. **2.** them/ Mi padre los compra en la taquilla. **3.** it/ Yo lo entiendo. **4.** it/ Yo lo leo por la mañana. **5.** it/ La comemos en el cuarto del hotel. **6.** it/ La bebemos en la cafetería.

(en-ter-TEIN-ment)

ENTERTAINMENT

Diversiones

12 The Theater and Celebrations

(T'I-e-ter) (se-le-BREI-chons)

El teatro y las fiestas

Juan y Ana son una pareja de mediana edad de Barcelona que por primera vez hacen un viaje a los Estados Unidos. A ellos les gusta el teatro y tienen una educación cultural bastante buena. El lugar es New York en el segundo día de su estancia. Siendo descendientes americanos, los dos hablan inglés bastante bien: "Ninguna palabra de español durante las vacaciones," deciden ellos.

THE THEATER

JUAN **Shall we go to the theater tonight? I am bored here in the hotel.**
(chal) vamos; (bord) aburrido

ANA **Why not? At the Shubert Theatre they are presenting *The King and I.***
¿Por qué no?; presentando

JUAN **Fantastic! That is a great idea!**
(greit) (ai-DIA) gran

ANA **Do we know enough English to understand the play?**
(i-NOF) bastante; (plei) obra

JUAN **Of course!**
(cors) Claro

ANA **If I don't understand it, I am going to be bored.**
(bord) aburrida

JUAN **Then you can sleep a little.**
entonces; (slip) dormir

(Ana conoce un poco el asunto de la obra.)

ANA **I don't want to go. I don't want to see that play.**
(plei) obra

JUAN **But why, darling?**

(sinz)
ANA **The scenes at the end are very sad.**
escenas tristes

JUAN **So what?**

(krai) *(MU-vis)* *(bir)*
ANA **Well, I don't want to cry! Let's go to the movies or let's go have a beer.**
pues llorar cerveza

More Useful Words

to sleep
dormir

to see
ver

Aquí están algunas expresiones prácticas.

(uach)
to watch a play
observar

to see a play
ver

to go to a play
asistir a

to look at the sights
mirar

(sam)
to get some rest
descanso

to take a nap
siesta

(IV-ning)
to go out in the evening
salir noche

to spend the day
pasar

Watch out!
¡Tenga cuidado!

Did you have a good time?
¿Se ha divertido usted?

Llene los espacios en blanco con las palabras que faltan, después de leer la conversación varias veces.

1. Do we know ____________ English to ______________ the play?
2. If I don't understand it, I am going to be ______________ .
3. The scenes at the end are very ____________ .

Celebrations

Las fiestas

(JA-li-deis)
JUAN **American holidays are very interesting,**
celebraciones

(DIF-rent)
but they are very different

from Spanish customs. Of course,
de las costumbres

(nu) (yirs) (iv)
New Year's Eve is an international
la víspera de año nuevo

holiday and in New York many

(taims) (skuer)
people go to Times Square in the

(bi-FOR)
center of New York a little before
antes

(MID-nait) (klak) (straiks)
midnight. When the big clock strikes midnight,
reloj

RESPUESTAS

1. enough, understand 2. bored 3. sad

(uich)
people kiss each other and they wish everyone a "Happy New Year!"
se besa a todos Feliz

(I-ster)
ANA **Also, Easter is very interesting. Everyone goes out or they have**
Pascua Florida sale

a family reunion at home. Many people prefer to see the famous
reunión familiar

Easter Parade along Fifth Avenue
desfile la Quinta Avenida.

JUAN **They say that it is a very colorful parade because many women**
dicen pintoresca

wear very attractive hats.
usan sombreros

ANA **Another famous American holiday is the Fourth of July, when people**

celebrate the American Independence of 1776. On this day

(BAR-be-ku)
there is no work and everyone has a picnic or a barbecue and

(uach) (FAI-er-uerks)
then they watch fireworks.

(ME-ni)
JUAN **Many even believe that the national holiday in the United States is**

(bol)
"Super Bowl Sunday" (fútbol americano), **the third Sunday in January. The two**

best football teams play a game. The winner is the champion for the year.
equipos campeón

ANA **But I feel like celebrating Thanksgiving.**
el día de Acción de Gracias

JUAN **Of course! Because you are always hungry!**

Hay muchas celebraciones en los Estados Unidos. ¿Puede escribir el nombre de las celebraciones americanas representadas en los siguientes grabados?

1. ______________________________ 2. ______________________________

3. ______________________________ 4. ______________________________

Recuerde que dijimos en la sección anterior que las palabras que representan a las personas que reciben la acción del verbo siguen el modelo siguiente.

Singular	**Plural**
me-me	nos-us
la-you, *(feminine)*	las-you *(feminine)*
lo-you *(masculine)*	los-you *(masculine)*

Usando este cuadro, escriba las formas correctas en los espacios en blanco. Luego diga lo que significan. El número uno está hecho.

1. **They look at** us (nos) — miran
2. **I see** ________ (la).
3. **We love** ______ (las). — queremos
4. **The policeman catches** (*KA-ches*) ___________ (me). — policía
5. **They look for** _________ (los).

RESPUESTAS

Holidays: 1. New Year's Eve **2.** Easter **3.** Fourth of July **4.** Christmas

Fill in the blanks: 2. her **3.** them **4.** me **5.** them

6. **We take** _______________ **to the party** (lo).

7. **I need** ________________ (las).

8. **They wait for** _____________ (nos).

9. **My father does not understand** _____________ (me).

10. **They don't understand** _______________ (lo).

Nunca aprendimos cómo deletrear muy bien. ¿Puede ayudarnos a escribir las letras que nos tienen atascados?

1. I don't want to see a p _ _ _d_ . (*desfile*)

2. There are many c_ _ _b_ _t_ _ _ s (*celebraciones*) in the U.S.A.

3. What is your favorite h_ l _ d _ y?

RESPUESTAS

6. him **7.** them **8.** us **9.** me **10.** it, him **Missing letters: 1.** parade **2.** celebrations **3.** holiday

(JAI-king) (RON-ing) (CHOG-ing)

HIKING, RUNNING AND JOGGING

Dar caminatas, correr, y correr al trote corto

(Un reportero, con el cuaderno en la mano, corre junto al atleta Brown.)

REPORTER **Mr. Brown?** *(braun)*

MR. BROWN **Yes, that's me.**

REPORTER **I am Peter Moloney, for Sports Illustrated magazine.** *(PI-ter)*
deportes ilustrados revista

MR. BROWN **Do you want an interview?** *(IN-ter-viu)*
entrevista

REPORTER **Exactly.**
exacto

MR. BROWN **About what?**
sobre

(laif)

REPORTER **Can you talk a little about your life as an athlete? About jogging and hiking through the countryside?**

(EN-er-chi)

MR. BROWN **Of course, if you have enough energy to run five miles more.**
bastante más

REPORTER **I want to write an article about you.**
artículo

MR. BROWN **I play many sports. I jog and take walks through the country**

(baik) (suim)

and through parks. I also ride a bike and I know how to swim very well.
monto bicicleta

I am the perfect athlete! Many others only jog. I don't. Running is good
sólo correr

(jelt')

for your health and it doesn't cost much money. A person buys a pair of
salud dinero un par de

(chus) (SUET-chert)

running shoes and a sweatshirt and that's it!
sudador ya está

to jog
correr al trote

sweatshirt
sudador

running shoes
zapatos para correr

REPORTER **Do you take hikes through the countryside?**
caminatas por

(MAUN-tens)

MR. BROWN **Yes, and also in the mountains.**
montañas

REPORTER **And what does a person need for this sport?**

MR. BROWN **A backpack, comfortable boots, and especially a pair of strong legs. Also it is good to take a sleeping bag, a canteen and some cooking utensils**

(*BEK-pek*) mochila · cómodas · (*buts*) botas · (*es-PE-cha-li*) · fuertes · piernas · saco para dormir · (*can-TIN*) cantimplora · (*KU-king*) cocinar · (*yu-TEN-sils*)

REPORTER (*sin respiración y palpitando fuertemente*) **Mr. Brown, aren't you very tired? You are very healthy. How old are you?**

¿Cuántos años tiene?

MR. BROWN **I am ninety-eight years old.**

(*yirs*) Tengo 98 años

REPORTER **What?! I don't believe it!**

¿Cómo? (*bi-LIV*) ¡no lo creo!

(*KLAIM-ing*)
mountain climbing
alpinismo

backpack
mochila

sleeping bag
saco para dormir

canteen
cantimplora

cooking utensils
utensilios para cocinar

Remember

En esta última conversación hay otra expresión basada en **to be**: **to be ... years old** (tener ... años). Fíjese como el Señor Brown usa esa expresión al final de la conversación. Usando el mismo modelo, ¿puede decirnos su edad? Use una oración completa, escríbala debajo y dígala en voz alta.

____

¿Cómo le pregunta usted a otra persona su edad? Vea como el reportero lo hizo. Escriba la pregunta y dígala en voz alta.

____

¿Puede contestar en inglés estas preguntas sobre usted?

How old are you now?

How old are you going to be in five years?

How old are you going to be in ten years?

Do you like sports?

Do you know how to swim?

Do you jog?

Do you ride a bike?

Do you hike through the countryside?

Are you healthy?

Conteste las preguntas sobre los siguientes grabados. Note que en inglés usamos **this** en las preguntas, ya que es la misma forma para masculino y femenino.

1. What is this?

   It is a ________________ .

2. What is this?

   It is a ________________ .

3. What is this?

   It is a ________________ .

4. What are these?

   They are ________________ .

5. What is this?

   It is a ________________ .

RESPUESTAS

1. sweatshirt **2.** sleeping bag **3.** backpack **4.** cooking utensils **5.** canteen

(BAI-sai-kling) *(SUIM-ing)*

BICYCLING AND SWIMMING

Ciclismo Natación

(La entrevista continúa con el increíble Señor Brown)

motorbike
la motocicleta

REPORTER **And riding a bike is another one**

(JOB-is)
of your hobbies?

(SAI-klist)
MR. BROWN **I am not a cyclist, but there are many American cyclists. If a person doesn't have a car, or if he has one but doesn't have enough money to buy gas, a bike is a**

(mins)
good means of transportation. In the big cities, people who ride bikes or motorbikes
medio grandes

(I-si-li) *(puch)*
travel easily through the traffic. On the hills you* have to push a bike, but not a motorbike.
empujar **moto**

(ob-ser-VEI-chen)
REPORTER **A very sharp observation!**
astuta

(po-LU-chon)
MR. BROWN **But there is too much pollution because of the traffic in the big cities. No,**
demasiada contaminación

motorbikes are a bad means of transportation—and swimming is more healthy.
motos más

Swimming is a sport that costs very little. You buy a

(tranks) *(GAG-els)*
bathing suit—personally, I wear trunks—and goggles and that's it!
traje de baño gafas

(BREST-strok) *(craul)*
Some swimmers only know the breaststroke; others use the crawl.
algunos nadadores brazada de pecho arrastre

(FRANK-li) *(BEK-strok)*
Frankly, I am a master at the backstroke.
francamente arrastre de espalda

***Nota:** En inglés, "you" se puede usar para representar una persona anónima.

REPORTER **What a great athlete!**

MR. BROWN **I think so!** **As you can see, I am wearing a gold medal on my**
¡Yo lo creo! llevo puesto

(ON-der) *(UO-ter)*
trunks. It means that I can swim for thirty minutes under the water without
significa bajo sin

breathing.
respirar

to push
empujar

goggles
las gafas para el agua

bathing suit
el traje de baño

to swim
nadar

breaststroke

crawl

backstroke

REPORTER **Mr. Brown, you are a great athlete and a great man.**

(SIN-guer)
MR. BROWN **I am also a great singer!**

Vamos a ver si puede contestar las siguientes preguntas sobre usted:

Do you know how to ride a bike? Is bicycling one of your hobbies? Do you know how to swim? Where do you swim—in a pool (piscina) or in the ocean (mar)? What do you wear to go swimming?

Remember

En inglés los adjetivos se usan delante de los nombres que ellos describen. Por ejemplo: big city or big cities, great athlete or great athletes.

¿Puede contestar estas preguntas?

1. Does Mr. Brown ride a bike?

____

2. Does he like to swim?

____

3. How long can he swim under water?

____

4. Who is a great singer?

____

Practique llenando los espacios en blanco a continuación:

1. What is this person?

   He is a _______________ .

2. What are these?

   They are _______________ .

3. What stroke is this swimmer doing?

   He is doing the ___________ .

4. What stroke is this swimmer doing?

   He is doing the ___________ .

5. And what stroke does this swimmer do?

   He does the ___________________ .

RESPUESTAS

1. No, Mr. Brown doesn't ride a bike. **2.** Yes, he likes to swim. **3.** He can swim under water for thirty minutes. **4.** Mr. Brown is a great singer.

1. a cyclist **2.** goggles **3.** breaststroke **4.** crawl **5.** backstroke

Will You Give Me ?

¿Me da ...?

Ahora usted necesita saber cómo decir "a mí," "a él," "a ella," etc. Esto es muy fácil. *Me* y *nos* se dicen **to me** y **to us**, como aprendimos anteriormente. En inglés no hay dos formas distintas para la segunda persona formal y la segunda persona familiar—usamos la misma **to you**. Para la tercera persona feminina se usa **to her**, y para la tercera persona masculina se usa **to him**. En plural para la tercera persona masculina y feminina se dice **to them**, y finalmente, para la segunda persona plural se dice **to you**.

Complementos Indirectos	
(singular)	(plural)
me-me	us-nos
you-te o le	them-les
him-le	you-les

En inglés puede también poner el complemento indirecto después del verbo y antes del complemento directo, omitiendo la palabra **to**. Por ejemplo:

I give the book to her. o **I give her the book.**

¿Puede hacer un círculo en la palabra correcta dentro de las posibilidades ofrecidas en cada una de las oraciones siguientes?

TO ME, TO YOU, TO HIM

1. They give (him, he, his) a check.
2. The boss sends a letter to (them, they, their).
3. I show (her, she, hers) the picture.
4. We tell (them, they, their) the truth.
5. They return our suitcases to (we, our, us).

RESPUESTAS

1. him 2. them 3. her 4. them 5. us

Llene los espacios en blanco con las palabras correctas de la lista de complementos indirectos. Recuerde que estas palabras deben usarse después del verbo.

1. They sell _______________ a newspaper. (me)

2. The bellboy returns the suitcases _______________ . (les)

3. I give _______________ the baggage check. (le-masc.)

4. She speaks _______________ . (nos)

5. Her family writes _______________ . (le- fem.)

6. Her son doesn't tell _______________ the truth. (les)
dice

7. The boss pays _______________ the money. (nos)
jefe

8. The boss speaks _______________ . (me)

9. His father reads _______________ the article. (te)
lee

10. The passenger asks _______________ the time. (me)

RESPUESTAS

1. me **2.** to them **3.** him **4.** to us **5.** to her **6.** you or them **7.** us **8.** to me **9.** you **10.** me

LET'S ORDER SOME FOOD
Vamos a pedir la comida

14	*(milz)* *(fud)* **Meals/Food** Las Comidas

I like to eat
Me gusta

(DAI-et)
I will start a diet tomorrow.

or

I will go on a diet tomorrow.
me pongo mañana

¿Qué decimos cuando nos gusta algo?

En español usamos el verbo "gustar" con un complemento indirecto para indicar a la persona que le gusta algo. Sin embargo, en inglés, el sujeto indica a la persona que le gusta algo y el complemento directo enseña lo que le gusta a esa persona. Por ejemplo:

Me gusta el helado. pero *(ais) (krim)* **I like ice cream.** helado

La misma forma se usa aunque a la persona le gusten varias cosas:

I like ice cream.

(VECH-te-bels)
I don't like vegetables.
legumbres

You like carrots.
zanahorias

(PRI-ti)
She likes pretty dresses.

(BEIS-bol)
He likes baseball.

(TI-cher)
We like the teacher.
maestro

They like the professors.

Diga si le gustan o no las siguientes cosas, diciendo **Yes,**

I like ______________ o **No, I don't like** ______________:

1. I ______________ planes.
2. He ______________ parties.
3. You ______________ swimming.
4. They ______________ museums.
5. She ______________ to run.
6. We ______________ Peter.

Giving Orders

Imperativo

Cuando usa el imperativo en inglés, es solamente necesario usar el infinitivo sin ningún pronombre sujeto. Por ejemplo:

Be careful!

Speak more slowly, please.

Bring me some bacon and eggs, please.

RESPUESTAS

1. I like (don't like) **2.** He likes (doesn't like) **3.** You like (don't like) **4.** They like (don't like) **5.** She likes (doesn't like) **6.** We like (don't like)

Remember

Recuerde

Para ser cortés, cuando pide una cosa, debe añadir **I would like**....Recuerde decir **please**, y cuando recibe lo que ha pedido, diga **Thank you** siempre. Entonces todo el mundo dirá, "¡Qué corteses son estos turistas!"

(WANT) **TO WANT = QUERER**	
I want	**we want**
you want	**you want**
he wants	
she wants	**they want**
it wants	

Llene los espacios en blanco con el verbo **TO WANT**.

1. We ______________ a room with bath.
2. He ______________ to buy a newspaper.
3. I ________________ to walk along the street.
   caminar por calle
4. She ______________ to take the bus.
5. Mark _____________ to go to the museum.

¿Puede contestar estas preguntas?

Do you want a soda?

Do you like sodas?

Do you want to study English?

Do you like to study?

Para el desayuno, en los restaurantes puede pedir **juice** (el jugo), **bacon or sausages and eggs** (huevos y tocino o salchicha), **potatoes** (patatas), **cereal, bread, or rolls** (cereal, pan, o panecillos), **pancakes** (panqueques), **waffles** (barquillos)-muchas cosas.

Pero muchos americanos toman solamente **toast and coffee** (el pan tostado y el café).

(Brek-fest)
Breakfast
El desayuno

(in-ex-PEN-siv) (RES-te-rant)
An inexpensive restaurant
barato

PAUL **When do you like to have breakfast?**
desayunarse

JEAN **At eight o'clock.**

(pri-FER)
PAUL **I prefer to have breakfast at a quarter to eight.**
prefiero

(blek) (KO-fi)
JEAN **Do you like coffee with milk or black coffee?**
café solo

PAUL **I don't like coffee. I prefer tea. My mother**
(OL-ueis)
always serves it.
sirve

(chem) (tost)
JEAN **Do you have jam and butter with your toast?**
pan tostado

(NI-t'er)
PAUL **Neither one! I don't like toast. My family**
(suit)
serves sweet rolls.
pan dulce

(O-rench) (chus)
JEAN **And orange juice? Do you like it?**
jugo de naranja

PAUL **No, I don't like it. I prefer to have tomato juice.**
tomate

JEAN **Darn it! How are we going to travel together?**
juntos

Llene los espacios con las nuevas palabras y practique diciéndolas en voz alta varias veces.

Coffee with cream **milk**

____

(ti)
Tea

____

Jam

____

Butter

____

Toast ______________________ **Orange juice** ______________________

Sweet rolls ______________________ **Tomato juice** ______________________

Ahora llene los espacios en blanco con las palabras que faltan. Luego lea las oraciones en voz alta para ver si lascomprende.

1. Do you ______________________ to have breakfast at six o'clock in the morning?

2. I don't ______________________ coffee with ______________________ .

3. We like ______________________ with butter.

4. Paul doesn't ______________________ orange juice; he likes ______________________ .

Llene los espacios en blanco y esté seguro de decir las palabras en inglés.

1. Two hot *(jot)* calientes drinks are: ____________ and ____________ .

2. Two juices are: ____________ and ____________ .

3. Two kinds *(kainds)* of bread *(bred)* are: ____________ and ____________ .

4. Two things we put on bread are: ____________ and ____________ .

RESPUESTAS

1. like **2.** like, milk **3.** toast **4.** like, tomato juice

1. coffee, tea **2.** orange, tomato **3.** toast, sweet rolls

4. jam, butter

Usando los grabados y la conversación de Jean y Paul, vea si puede contestar las siguientes oraciones en inglés. Diga las dos—las preguntas y las respuestas—en voz alta.

1. At what time do you like to have breakfast?

____

2. What do you prefer, coffee with milk, black coffee or tea?

____

3. Do you prefer orange juice or tomato juice?

____

4. What do you have on your toast?

____

(Tei-bel)
The Table
La Mesa

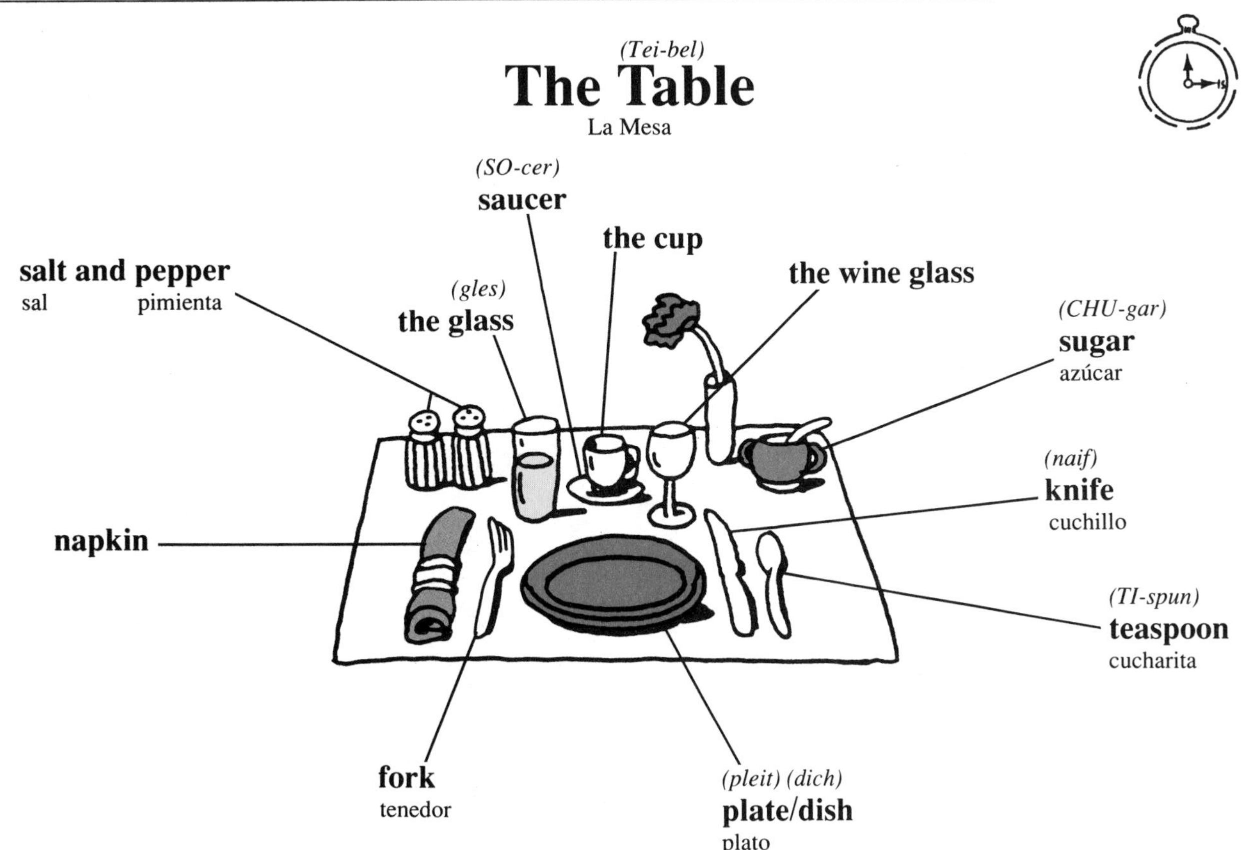

RESPUESTAS

1. I like to have breakfast at ______ o'clock. **2.** I prefer ______. **3.** I prefer ______. **4.** I like to have ______ on my toast.

Los americanos usan el cuchillo y el tenedor en una forma diferente a la nuestra. Ellos agarran el cuchillo en la mano derecha y el tenedor en la izquierda, pero generalmente cambian de mano para llevar la comida a la boca. En otras palabras, el tenedor cambia a la mano derecha.

Ahora ponga una línea de las palabras en la columna 1 a las palabras en la columna 2 que tengan relación.

1. **to cut** (cortar)	A. **saucer**
2. **cup**	B. **glass**
3. **orange juice**	C. **knife**
4. **sugar**	D. **to eat**
5. **fork**	E. **coffee with milk**
6. **butter**	F. **toast**

RESPUESTAS

1. knife **2.** saucer **3.** glass **4.** coffee with milk
5. to eat **6.** toast

DINNER

La comida, La cena

A continuación está una lista de los platos de la comida que puede ver en el grabado, en el orden en que generalmente se sirven. Practique diciéndolos en voz alta varias veces. (¡Por supuesto, puede empezar con el vino cuando a usted le guste!)

(ap-e-TAI-zers)	*(sup)*	*(SAL-ed)*	*(VECH-te-bels)*	*(fich)*		
appetizers	**soup**	**salad**	**vegetables**	**fish**	**meat, main course**	**dessert**
entremeses	sopa	ensalada	legumbres	pescado	carne, plato	postre

Ahora, ¿ puede decir los platos en voz alta en orden y de memoria? Pruébelo varias veces. Pruebe a contestar las siguientes preguntas sobre el **dinner**. Diga las preguntas y las respuestas en voz alta.

1. What is the first course (plato) for dinner?

____

2. What course do you like the most?

____

RESPUESTAS

1. The first course for dinner is the appetizer. **2.** I like ______________ best.

3. What do you drink in a glass?

____

4. What do you cut with a knife?

____

5. What do you drink in a cup?

____

6. What course do we have before (antes) dessert?

____

7. What is the name of the last course?

____

8. Do you prefer fish or meat?

____

(¿Se le hace la boca agua? También a nosotros.)

RESPUESTAS

3. I drink ________ in a glass. **4.** I cut my ________ with a knife. **5.** I drink ________ in a cup. **6.** We have the main course before dessert. **7.** The last course is dessert. **8.** I prefer ________.

LUNCH

El almuerzo

In the United States lunch is usually served between 12 and 2 P.M. Americans often have dinner at about 5:30 or 6 o'clock, but many tourists are not hungry at that time. Are you hungry before 7 o'clock? Do you like to have dinner early? Is it possible to have a snack *(snek)* **in the afternoon** *(ef-ter-NUN)***? If you are hungry you can have coffee and a piece** *(pis)* **of pie** *(pai)* (pastel)**. Generally dinner is the most important meal because people don't go home for lunch and they have to work after lunch. A heavy** *(JE-vi)* (pesada) **meal would** *(uod)* **make** *(meik)* **them sleepy** *(SLI-pi)* (sueño)**. Dinner is usually soup, salad, fish, meat, or pasta and dessert. If you are thirsty** (sed) **you can have a soda.**

Debajo están los nombres de cuatro horas posibles para comer durante el día. ¿Puede escribirlas y decirlas en voz alta en el orden correcto? (No le aconsejaríamos probarlas todas el mismo día.)

afternoon snack (merienda) ______________________________

lunch (almuerzo) ____

dinner (cena o comida) ____________________________________

breakfast (desayuno) ____

¿ Puede indicar la exactitud de las siguientes oraciones escribiendo **TRUE** o **FALSE** después de ellas?

1. In the United States they serve dinner at 9:00 P.M. ________________

2. If I am hungry, I drink water. ________________

3. It is possible to have a snack between lunch and dinner. ________________

4. If I am hungry, I eat a sandwich. ________________

5. Lunch is the most important meal in the United States. ________________

¿ Puede añadir las letras que faltan en las siguientes oraciones?

6. I prefer to eat a san_ _ ich for lu_ _ _ .

7. They have a sn_ _ _ between lunch and dinner.

8. The last c_ _ _se is the de_ _e_ _ .

RESPUESTAS

1. False **2.** False **3.** True **4.** True **5.** False

6. sandwich, lunch **7.** snack **8.** course, dessert

15

(RES-to-rants)
Restaurants
Restaurantes

(TI-ping)
And Tipping
y Propinas

The customer asks for a delicious meal.

The waiter brings him
camarero trae
the food on a tray.

(bring) *(teik)*
To Bring, To Take
Traer, Llevar

En inglés dos verbos relacionados muy estrechamente son **TO BRING** y **TO TAKE**. Como ambos verbos significan llevar algo a alguna parte, los americanos usan **BRING** cuando la acción es hacia la persona que habla, y **TAKE** cuando la acción es lejos de la persona que habla.

TRAER = TO BRING
Ejemplos: **Waiter, bring me a cup of coffee.** (acción hacia la persona que habla) **Waiter, take this plate away.** (acción lejos de la persona que habla)

The Menu

Joseph y Philip van a uno de los mejores restaurantes en Nueva York. El número de estrellas que ese restaurante tiene indica la calidad de la comida. (Los restaurantes con una o dos estrellas son más baratos pero no quiere decir que sean malos, los de cuatro estrellas son los mejores—¡y los más caros!) El camarero llega y trae el menú. Ellos van a pedir.

WAITER **Gentlemen, what would**

you like to order?
pedir

(rost) (CHI-ken)
Our specialty is roast chicken.

JOSEPH **Will you please bring**

us an appetizer first...

(DE-viled)
deviled eggs, no fish.

And then, two noodle soups.

PHILIP **Then we will have two**

(LET-os)
lettuce and tomato salads.

And will you please bring

a little bit of bread?

WAITER **I will bring the bread and also**
les traigo

vinegar and oil for the salads

right away.
en seguida

PHILIP **Can you bring two orders**

(grin) (bins)
of green beans? Then I will have

roast chicken
pollo asado

____

fish
pescado

____

deviled eggs
huevos rellenos

____

noodle soup
sopa de fideos

____

lettuce and tomato salad
ensalada mixta

____

bread
pan

____

oil and vinegar
aceite y vinagre

____

(beiked) (traut)
baked trout
trucha al horno

JOSEPH **For me only meat. Half**

a roast chicken with rice.
arroz

PHILIP **I will also have a veal chop**
chuletas de ternera

with french fries. And

please also bring a bottle
botella

of the house red wine.
vino de la casa

WAITER **And for dessert? Apple pie?**
postre tarta de manzana

Ice cream? Cake?
torta

JOSEPH **We don't like sweets.**
dulces

We would like a little bit of
poco

cheese. And later bring

two coffees and two brandies.

fish
pescado

____

sirloin steak
biftec

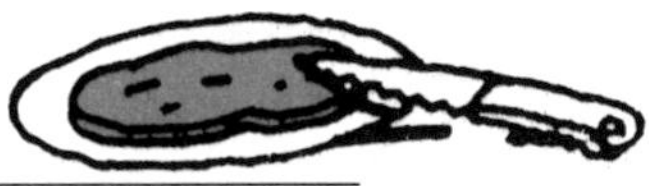

____

french fries
patatas fritas

____

grapes
uvas

____

cheese
queso

____

coffee
café

____

brandy
coñac

____

Llene los espacios en blanco para practicar las nuevas palabras. Esté seguro de decir cada una varias veces.

How do you feel?
(fil) — sentirse

Sometimes you feel fine, but unfortunately, sometimes you feel sick.
bien · mal

In English, you can say either "I feel fine (or well)" or "I am fine."

(eks-PRE-chens)
These expressions are not reflexive in English, as they are in Spanish.
expresiones · como

RESTROOMS
los servicios

If you ever eat too much when you are in a restaurant, you may want to go to the restroom. On the doors of the restrooms there will be signs saying Men or Gentlemen
hombres · señores

and Women or Ladies.
mujeres · señoras

¿Puede traducir estas preguntas?

¿Se siente usted bien hoy?

___

¿Se siente usted contento (contenta) ahora?

___

¿Se siente usted triste cuando llueve?

___

¿Se siente usted cansado (cansada) al final del día?

___

RESPUESTAS

Do you feel well today? Do you feel (Are you) happy now?
Do you feel (Are you) sad when it rains? Do you feel (Are you) tired at the end of the day?

Ahora regresemos a nuestra comida. Coloque los números de los platos en la siguiente lista en los espacios en blanco para mostrar el orden en que se sirven.

1) appetizers	2) soup	3) salad	4) vegetables
5) fish	6) meat	7) dessert	8) drinks bedidas

1. _____ cheese	2. _____ tomato
3. _____ roast chicken	4. _____ veal steak
5. _____ clams	6. _____ green beans
7. _____ wine	8. _____ grapes
9. _____ baked trout	10. _____ noodle soup
11. _____ lettuce	12. _____ apple pie

Usando la conversación en las páginas 144 y 145, pruebe a llenar los espacios en blanco:

1. The _______________ brings the menu.

2. The _______________ of the house is roast _______________ .

3. First Joseph and Philip will have some _______________ .

4. The waiter __________________ them beans.

5. Joseph doesn't _______________ trout; he prefers to have _______________ .

6. Both will drink a __________________ of wine.

7. For dessert, they do not order ______________ ; they prefer ________________ .

¿Cómo preguntaría usted lo siguiente en inglés?

1. ¿Dónde está el cuarto de baño? ________________________________

2. Por favor traíganos ____

RESPUESTAS

1. 7 **2.** 3 **3.** 6 **4.** 6 **5.** 1 **6.** 4 **7.** 8 **8.** 7 **9.** 5 **10.** 2 **11.** 3 **12.** 7

Llene: 1. waiter **2.** specialty, chicken **3.** appetizers **4.** brings **5.** like, chicken **6.** bottle **7.** sweets **8.** cheese

Preguntas: 1. Where is the restroom? **2.** Please bring us ____________

Debajo está una lista de otras comidas y bebidas. Pruebe a pedir una comida usándola. Puede emplear las frases como están ilustradas a continuación para hacer su pedido:

APPETIZERS

shrimp cocktail
camarones

meatballs
albóndigas

SOUPS

vegetable soup

lentil soup
lentejas

SALADS

tossed salad
mixta

potato salad
ensalada de patatas

VEGETABLES

asparagus
espárragos

spinach
espinacas

FISH

(klemz)
clams
almejas

shrimp
camarón

MEAT

pork chops
chuleta de cerdo

lamb chops
cordero

DESSERT

(A-rench)
orange
naranja

rice pudding
arroz con leche

DRINKS

mineral water
agua mineral

red wine
tinto

¿Puede contestar las siguientas preguntas en inglés? Escriba las contestaciones y dígalas en voz alta:

What are you going to have tomorrow for lunch?

____.

Are you happy (alegre) when you drink a lot of wine?

____.

Do you feel sick when you eat too much? (demasiado)

____.

Restaurant Meals

(*CHI-per*)
Many restaurants and cafeterias serve a daily special that is cheaper than other selections. This is good for the tourists who don't want to spend too much money. In the United States there are very popular fast-food and fast-service restaurants. If you miss your *chorizo*, you can have a hamburger
extraña (Lat. Am.) echa de menos (Spain) — hamburguesa
with french fries. It is inexpensive and very good. Really, when you travel it is better to try out the food of the country. You will be surprised at all the delicious dishes you will find in any

restaurant. Also, you can have an expresso in most of them. In any case, this will not be a problem in New York, Chicago, or any big city, because there are all kinds of ethnic restaurants, and Spanish restaurants are among the most popular. When you pay the bill, you should give a 15 to 20 percent tip.

cuenta

propina

How much?

some	**any**	**more**	**less**
algún alguno, alguna algunos, algunas	ningún ninguno, ninguna ningunos, ningunas	más	menos

Estas palabras son útiles cuando no quiere especificar una cantidad exacta.
Por ejemplo:

I would like some beans
He does not want any potatoes.
Please bring us more coffee.
I like less salt in my food.

Trate de poner las palabras del ejercicio siguiente en el orden correcto para que tengan sentido:

1. coffee/I am going/a cup/to have/of

____

2. where/the/is/bathroom

____

3. does/like/Philip/not/fries/French

____

4. bring/you/can/of/wine/a/bottle/me

____

5. feel/I/well/not/today/do

____

RESPUESTAS

1. I am going to have a cup of coffee. **2.** Where is the bathroom? **3.** Philip does not like french fries. **4.** Can you bring me a bottle of wine? **5.** I do not feel well today.

HOW ARE WE DOING ?

¿Cómo andamos?

¿Puede combinar las palabras en la columna de la izquierda con sus antónimos o contrarios en la columna de la derecha?

1. to the right	A. near
2. far	B in front of
3. behind	C. to the left

Trate de escribir el nombre de la lengua que se habla en los países nombrados a continuación:

Great Britain ____________ Spain ______________

Russia ________________ Germany ____________

Italy __________________ France _____________

Escriba la letra de la columna 2 que corresponde a la oración de la columna 1:

Columna 1	Columna 2
1. ___ I am ninety years old.	A. a Chinese
2. ___ I run 15 miles every day.	B. an athlete
3. ___ I bring the menu.	C. a mechanic
4. ___ I repair cars.	D. a bellboy
5. ___ I speak Chinese.	E. an old person
6. ___ I eat at a restaurant.	F. a driver
7. ___ I drive the bus.	G. a waiter
8. ___ I live in Spain.	H. a customer
9. ___ I carry the suitcases.	I. a Spaniard

RESPUESTAS

Antónimos: 1-C, 2-A, 3-B

Lenguas: English, Russian, Italian, Spanish, German, French

Pares: **1.** E **2.** B **3.** G **4.** C **5.** A **6.** H **7.** F **8.** I **9.** D

Vea cómo hace este crucigrama:

HORIZONTALES

1. postre
2. ver
5. entrada
7. a
9. llegar
11. decir
14. noche
17. claro
18. doce

VERTICALES

1. contracción por (he) do + not
3. uno
4. madre
6. viajar (he _______)
8. día
10. lluvia
12. pero
13. nieve
15. veo
16. hola

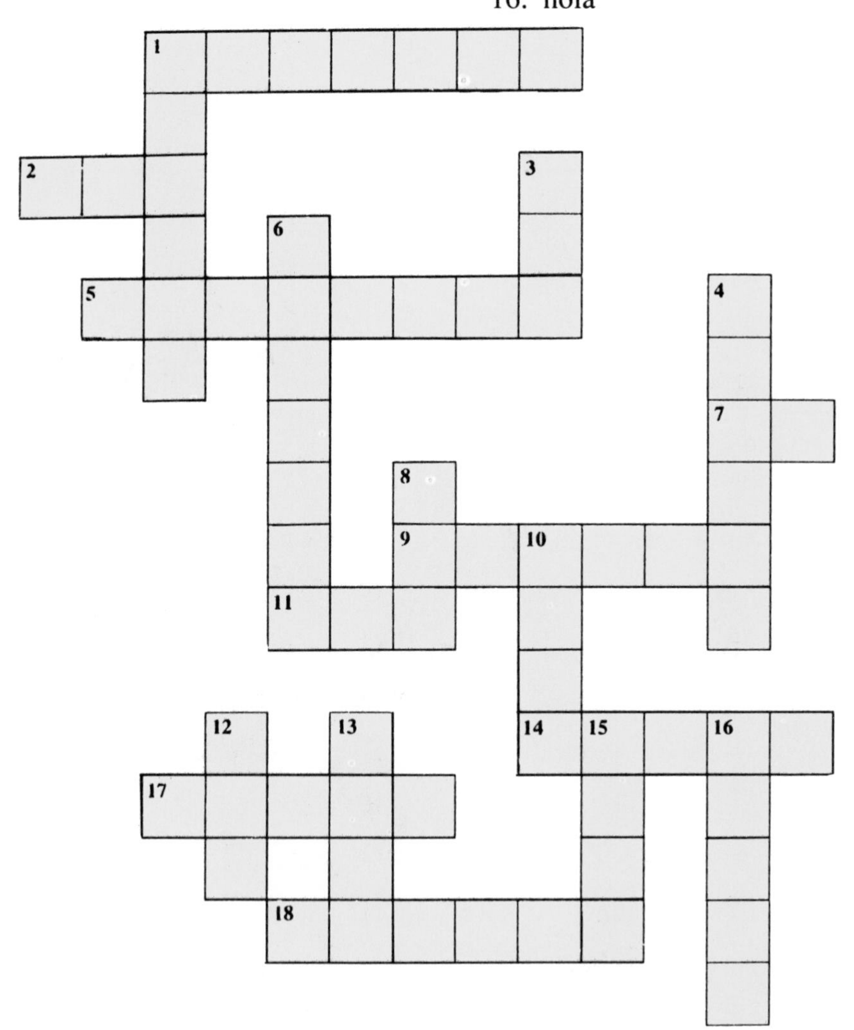

RESPUESTAS

Across: 1. dessert **2.** see **5.** entrance **7.** to **9.** arrive **11.** say **14.** night **17.** sunny **18.** twelve

Down: 1. doesn't **3.** one **4.** mother **6.** travels **8.** day **10.** rain **12.** but **13.** snow **15.** I see **16.** hello

Subraye la palabra que no corresponde:

1. flight, suitcases, vegetables
2. son, car, grandfather
3. check-in desk, hotel, waiter
4. time, street, corner
5. next to, behind, employee
6. subway, language, taxi
7. waiter, midnight, noon
8. country, baggage car, berth
9. tank, tire, shower
10. plane, season, month

Haga un círculo alrededor de la pregunta que daría las siguientes contestaciones:

1. Tomorrow—Who? When? Why?
2. On the street—What? Where? How?
3. Two thousand dollars—How much? When? How?
4. It is a sink—Who? What? How?

RESPUESTAS

1. vegetables **2.** car **3.** waiter **4.** time **5.** employee
6. language **7.** waiter **8.** country **9.** shower **10.** plane
Círculo: 1. When? **2.** Where? **3.** How much? **4.** What?

5. He is an employee—How? What? Who?

6. Very well, thank you—How? Where? What?

Identifique la categoría a que pertenecen las siguientes palabras, escribiendo "C" para "comida," "V" para "viaje," o "D" para "diversión" después de cada una:

1. train______	2. ice cream_____	3. car__________	4. movies__________
5. chicken____	6. road_________	7. theater_______	8. highway_________
9. rice_______	10. movie_______	11. grapes_______	12. plane_____________

¿Puede poner las letras en los verbos de cada oración a continuación?

1. I gi_ _ him the money.
2. The employee ret _ _ _ _ ten dollars to me.
3. I am n _ _ afraid to fly.
4. I don't t_k_ a trip.
5. We wr _ _ _ our new address.
6. I don't fe _ _ well.
7. It rai _ _ a lot in April.
8. It sno _ _ a lot in winter.
9. We s_ ll the car.

RESPUESTAS

Círculo: 5. Who? **6.** How?
Categoría: 1. V **2.** C **3.** V **4.** D **5.** C **6.** V **7.** D **8.** V **9.** C **10.** D **11.** C **12.** V.
Letras: 1. give **2.** returns **3.** not **4.** take **5.** write **6.** feel **7.** rains **8.** snows **9.** sell

10. The waiter ser _ _ _ us.

11. The customers pre _ _ _ that table.

Haga un círculo alrededor de la palabra o frase que complete las oraciones:

1. The waiter (needs, brings, comes) our meal.
2. It is very (hot, cold, windy) in summertime.
3. We eat meat with a (fork, spoon, cup).
4. In the United States dinner is at (six, four, ten) o'clock.
5. Mark is a good (wife, daughter, son).

Llene los espacios con las palabras correctas de la lista de la derecha:

1. I am twenty ______________ old.	hurry
2. They want to eat because they are ______________ .	thirsty
3. He wants to drink because he is ______________ .	years
4. We run because we are in a ________________________ .	careful
5. I have many accidents because I am not ______________ when I drive my car.	hungry
6. I am not ______________ with the lotto.	lucky

RESPUESTAS

Letras: 10. serves **11.** prefer
Circle: 1. brings **2.** hot **3.** fork **4.** six **5.** son
Blanks: 1. years **2.** hungry **3.** thirsty **4.** hurry **5.** careful **6.** lucky

¿Qué respondería a las siguientes preguntas y frases?

1. How are you? ______________________________

2. Thank you. ______________________________

3. What is your name? ______________________________

4. How old are you? ______________________________

5. What time is it? ______________________________

¿Puede nombrar el mes que sigue a los de la lista siguiente?

July__________ September__________ November__________

¿Qué mes precede a cada uno de los siguientes?

__________ February __________ April __________ June

¿Puede arreglar las letras a continuación para escribir los días de la semana en inglés?

1. YADRUTAS ______________________
2. DAYUSN ______________________
3. NESAYDEDW ______________________
4. HURTSYAD ______________________
5. OMNAYD ______________________
6. SEUTYAD ______________________
7. RIFDYA ______________________

RESPUESTAS

contestar: 1. Fine, thank you. **2.** You are welcome.
3. My name is ___ **4.** I am ___ years old. **5.** It is ___ o'clock.

meses: August, October, December, January, March, May

días: 1. Saturday **2.** Sunday **3.** Wednesday **4.** Thursday **5.** Monday
6. Tuesday **7.** Friday

Llene los espacios en blanco con el pronombre correcto.

The clerk sees (nos)__________________. The boy wants a newspaper and buys (lo) __________________ at the newsstand. The waiter brings the bill and I pay (lo) _______________. The girls see (me) ___________________. I give the suitcases to the bellboy and he takes (las) __________________ to the taxi. We pay for the tickets and the clerk gives (los) _______________ to my father.

Vamos a ver cómo recuerda los números en inglés. Escriba los que están a continuación:

213________________________ 767_____________________

322________________________ 878_____________________

433________________________ 989_____________________

545________________________ 1215____________________

656________________________

¿Puede escribir el equivalente en inglés de las palabras que están debajo?

1. The waiter returns the money _________ ____________ (le)

2. The clerk sells the tickets ____________ _____________ (les)

3. They don't tell _________________ (me) the truth.

Pronombres:

1. to him **2.** to them **3.** me

Equivalentes:

1. us **2.** it **3.** it **4.** me **5.** them **6.** them

AT THE STORE

En la tienda

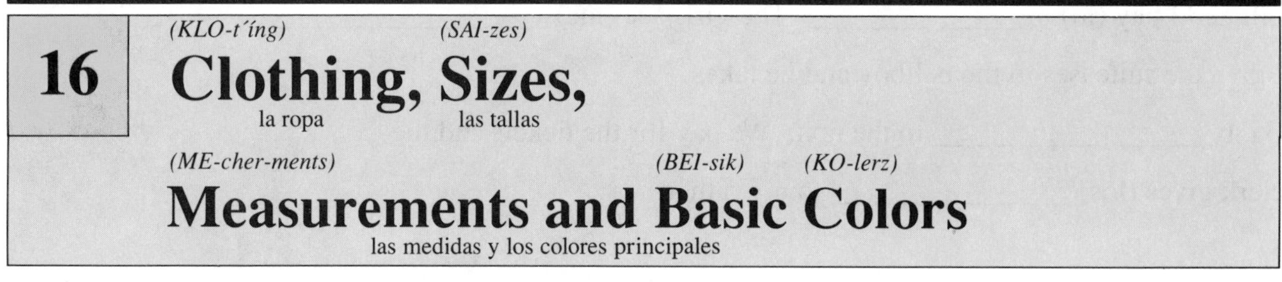

16

(KLO-t´íng) (SAI-zes)
Clothing, Sizes,
la ropa las tallas

(ME-cher-ments) (BEI-sik) (KO-lerz)
Measurements and Basic Colors
las medidas y los colores principales

¿Se siente con ganas de comprar ropa? Aquí están las palabras que le permitirá gastar tanto como quiera.

Debajo hay dos nuevos verbos que debe practicar escribiendo las diferentes formas. Esté seguro de decirlas en voz alta hasta que las sepa bien:

TO PUT ON		
I put on	**we put on**	**I ____________ my hat. We ____________ our hats.**
you put on		**You ____________ your hat (s).**
he puts on		**He ____________ his hat.**
she puts on	**they put on**	**She ____________ her hat. They _______ their hats.**

TO TAKE OFF					
I take off	**we take off**	**I ________ my hat.**		**We ________ our hats.**	
you take off		**You ________ your hat (s).**			
he takes off		**He ________ his hat.**			
she takes off	**they take off**	**She ________ her hat.**		**They ________ their hats.**	

Nota: Estos verbos no son reflexivos en inglés. Por lo general, los verbos reflexivos son menos común en inglés.

MEN'S CLOTHING

La ropa de hombre

Practique escribiendo las nuevas palabras debajo de los siguientes grabados. Esté seguro de repetirlas en voz alta hasta que las sepa bien:

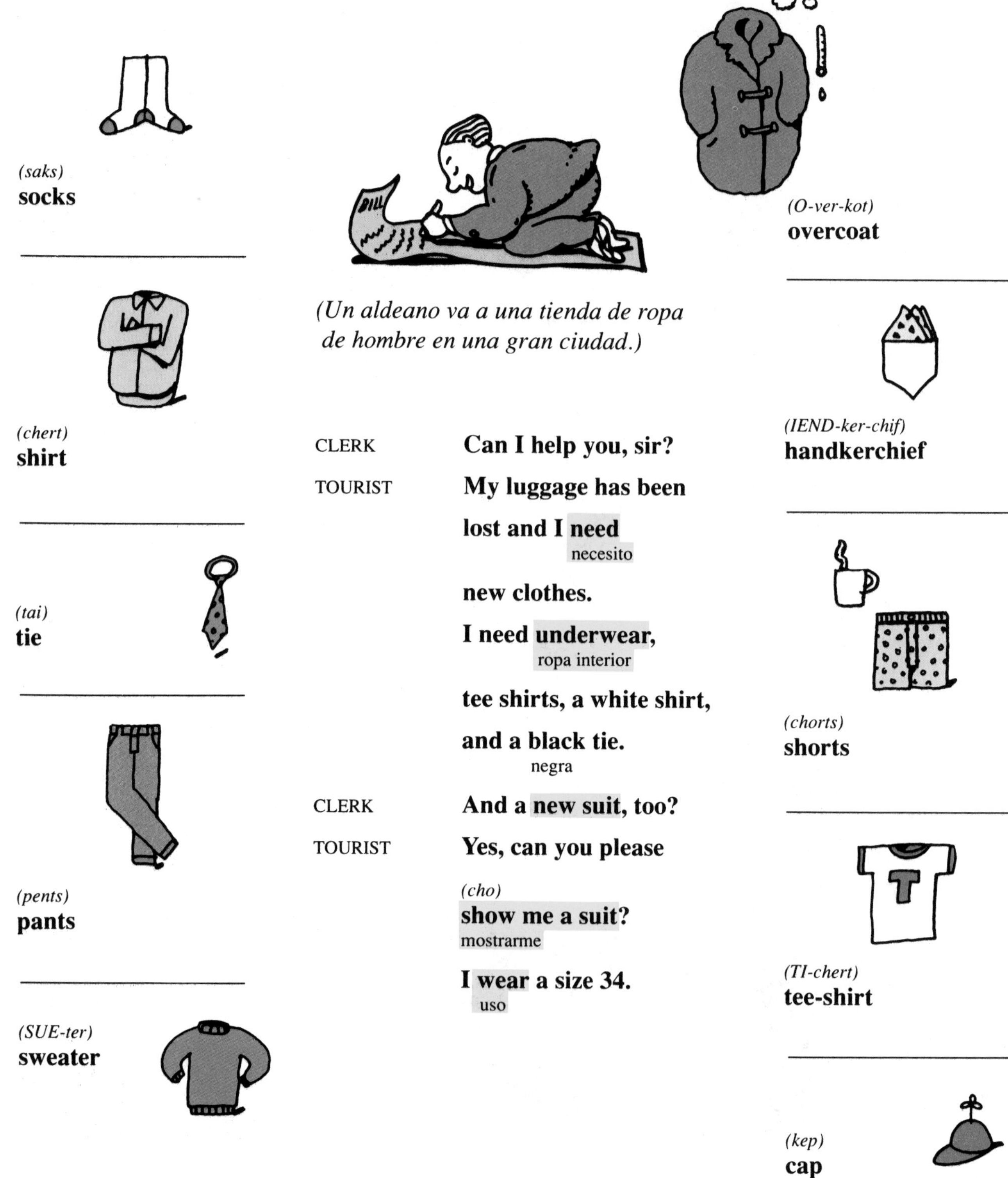

(Un aldeano va a una tienda de ropa de hombre en una gran ciudad.)

CLERK **Can I help you, sir?**

TOURIST **My luggage has been lost and I need** (necesito) **new clothes. I need underwear,** (ropa interior) **tee shirts, a white shirt, and a black tie.** (negra)

CLERK **And a new suit, too?**

TOURIST **Yes, can you please show me a suit?** *(cho)* (mostrarme) **I wear a size 34.** (uso)

(saks)
socks

____

(chert)
shirt

____

(tai)
tie

____

(pents)
pants

____

(SUE-ter)
sweater

____

(O-ver-kot)
overcoat

____

(IEND-ker-chif)
handkerchief

____

(chorts)
shorts

____

(TI-chert)
tee-shirt

____

(kep)
cap

____

(om-BRE-la)
umbrella

(Rein-kot)
raincoat

____

____

(sut)
suit

____

CLERK	**At this time, I don't have a suit in your size. Can I show you a jacket** (chaqueta) **and pants?** (pantalones)
TOURIST	**OK. Where can I try on** (probarme) **the pants?**
	El se los prueba y le quedan muy grandes.
CLERK	**They fit you perfectly! Now, all you need is a new belt!** (cinturón)

gloves

____

jacket

____

boots

____

belt

____

hat

____

Escriba **True** o **False** en cada una de las oraciones siguientes:

1. The tourist needs to buy new clothes. ______________
2. He doesn't want to buy underwear. ______________
3. The tourist wears suit size 44. ______________
4. The pants fit him perfectly. ______________
5. The clerk says that the tourist needs a new belt. ______________

RESPUESTAS

1. True **2.** False **3.** False **4.** False **5.** True

Cuando un hombre se viste por la mañana, ¿en qué orden se pone la ropa? Escriba los números debajo de los artículos para enseñar el orden:

belt	socks	hat	underwear
________	________	________	________
tie	shirt	pants	
________	________	________	

¿Puede llenar los espacios en blanco con la palabra en inglés correspondiente a la palabra indicada en español?

1. __________ my clothes in the morning.
(Me pongo)

2. __________ my clothes at night.
(me quito)

Nota: En estas oraciones usamos **my** en vez de **la**. Generalmente, en inglés usamos **my, your, our,** etc. hablando de prendas de vestir en vez de *el, la, los, las.*

3. The pants____________________ well.
(me quedan)

Trate de contestar las siguientes preguntas con oraciones completas en inglés:

4. Where can you buy clothes?

____

5. Do you buy clothes if they don't fit you well?

____

6. Do you need a new sweater?

____

RESPUESTAS

Vistiéndose: 5, 2, 7, 1, 6, 3, 4

Llene: **1.** I put on **3.** fit me **5.** No, I don't buy clothes if they don't fit me well.
2. I take off **4.** I buy clothes in a clothing store. **6.** Yes, I need a new sweater, or
No, I don't need a new sweater.

When you need something

TO NEED = HACER FALTA

En inglés, usamos **need** por *hacer falta.* Es como el verbo **like** — decimos **I need something.**

sujeto + need + complemento

Por ejemplo:

I need a new suit.

He needs a pair of shoes.

They need a ticket.

Pero puede usar el verbo **to have** también para expresar necesidad. Usamos **to have** con otro verbo.

sujeto + to have + infinitivo

Por ejemplo:

I have to buy a new suit.

She has to take a trip.

You have to turn left here.

(gud) *(BE-ter)* *(best)*

Good, Better, Best

bueno mejor óptimo

Sometimes things are good, but not good enough. You want something better.
bastante

(bos)
You say to the clerk in the store, "I have to buy a present for my boss. I need
jefe

(CUAL-i-ti)
something better. Is this your best quality?"
cualidad

Si usted es un hombre y necesita comprar ropa, usted querrá usar las siguientes oraciones. Recuerde que hablando de ropa, **to wear** quiere decir llevar o usar. Llene los espacios; luego escriba las oraciones y practique diciéndolas en voz alta:

1. In shirts, I wear size ________________ .

2. I need a suit size ___________________ .

Trate de decir el siguiente grupo de oraciones. Coloque la prenda de vestir de su preferencia en los espacios en blanco:

1. Do you want to show me a ____________________ ?

2. Can I try on a ________________________________ ?

3. Can you alter *(OL-ter)* arreglar this __________________________ ?

4. This _____________________________________ doesn't fit me well.

Llene los espacios en blanco con las palabras representadas:

1. If it is cold, I wear a ____________________________ .

2. If it is cool, I take off my coat and put on a ________________________ .

3. If it is snowing, I put on my _______________________ .

4. If it rains, I take off my coat and put on my ________________________ .

5. When it rains I also carry (llevo) an ______________________________ .

RESPUESTAS

Ropa: 1. coat **2.** sweater **3.** boots **4.** raincoat **5.** umbrella

SIZES

las tallas

Las tallas de ropa y zapatos son diferentes entre los Estados Unidos y Europa. El siguiente cuadro le ayudará a hacer la conversión de la **American size** a la **European size**:

MEN'S SIZES								
Shirts								
American size	14	$14^1/_2$	15	$15^1/_2$	16	$16^1/_2$	17	$17^1/_2$
European size	36	37	38	39	40	41	42	43
Other clothes								
American size	34	36	38	40	42	44	46	48
European size	44	46	48	50	52	54	56	58

WOMEN'S SIZES							
Blouses							
American size	32	34	36	38	40	42	44
European size	40	42	44	46	48	50	52
Other clothes							
American size	8	10	12	14	16	18	
European size	36	38	40	42	44	46	

WOMEN'S CLOTHES

la ropa de mujer

Practique las siguientes palabras, escribiéndolas en los espacios en blanco y diciéndolas en voz alta:

(BEI-sik) *(KO-lerz)*

Basic Colors

colores principales

(YE-lo)
a yellow bra

____

a red purse

____

(blu)
a blue dress

____

a green handkerchief

____

the yellow panties

____

a white slip

____

(blaus)
a green blouse

____

a red skirt

____

¿Puede contestar las siguientes preguntas sobre los dibujos?
Ejemplo: **What color is the skirt? The skirt is red.**

What color is the dress? ____.

What color is the blouse? ____.

¿Puede continuar con los otros artículos representados?

RESPUESTAS

Dibujos: The dress is blue. The blouse is green.

(chuz) MEN'S AND WOMEN'S SHOES
los zapatos de hombre y de mujer

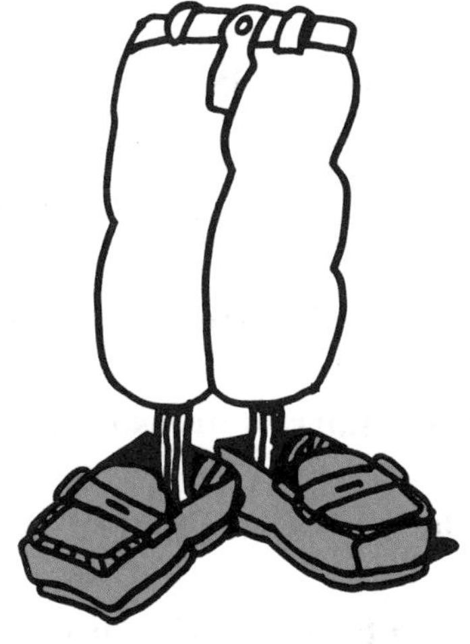

(NA-ro)
The shoes are narrow.
estrechos

(tait)
They are tight.
me aprietan

(uaid)
The shoes are too wide.
demasiado anchos

Shoe Sizes
Número

the shoes

the sandals

What size shoe do you wear? (¿Qué número calza usted?)

Consulte el cuadro siguiente y escriba su respuesta:

I wear size ________________________ .

the boots

Men's shoes

American size	7	7 1/2	8	8 1/2	9	9 1/2	10	10 1/2	11	11 1/2
European size	39	40	41	42	43	43	44	44	45	45

Women's shoes

American size	5	5 1/2	6	6 1/2	7	7 1/2	8	8 1/2	9
European size	35	35	36	37	38	38	38	39	40

Martha wants to buy new clothes to go to a party at Theresa's house.

(peirs)

She goes to the shoe store and she tries on many pairs of shoes.
zapatería se prueba

Some are too narrow and so they are too tight. Others are too wide.

Finally, she buys a pair that fits her well. At the department store a

salesman waits on her. He shows her green, yellow, and black skirts.
le atiende le muestra

Martha buys a permanent-press skirt and a polyester blouse. She
inarrugable poliéster

always likes to wear a red blouse. When she goes to the party, she

(AUT-fit)

sees that Theresa is wearing the same outfit!
mismo

Escriba sus contestaciones a las siguientes preguntas:

What does Martha wear to the party? ________________________________ .

Who is wearing the same outfit? ____________________________________ .

Si usted está muy interesado en la ropa, aquí están algunas palabras y expresiones, hechas especialmente para impresionar al vendedor. Trate de escribirlas y dígalas en voz alta para practicar:

(uol)
I want something in wool ________________ algo de lana

silk ________________ seda

(CA-ten)
cotton ________________ algodón

(NAI-lon)
nylon ________________ nilón

denim ________________ dril de algodón

leather ________________ cuero

(sueid)
suede ________________ gamuza

(ME-chur)
Do you want to measure me? ________________________________
tomarme la medida

(CUAL-i-ti)
I would like something of a better quality. ________________________________
mejor calidad

Do you have something handmade? ________________________________
hecho a mano

(smol)
It is too big / small / short. ________________________________
pequeño

I don't like the color orange; I prefer ________________________________ .
anaranjado

Do you have a ________________ in the color ________________?

Trate de practicar algunas situaciones imaginarias en las que usted podría usar las expresiones anteriores con varias prendas de vestir.

Usted ha sido nombrado el mejor hombre vestido o la mejor mujer vestida del año...¿Puede describir lo que generalmente usa para haber ganado este honor? Use palabras y expresiones como **to wear, to fit me well, everyday I put on, I prefer, I like,** etc. No se olvide de describir el color de la ropa.

¿Qué usa el peor hombre vestido o la peor mujer vestida? ¡Sea terrible!

____

____

¿Qué colores asocia usted con las cosas a continuación?

Escríbalos:

1. el mar ________________ 2. la hierba ______________________________

3. el sol _________________ 4. la nieve ______________________________

5. el carbón ______________ 6. las ascuas calientes ___________________

7. las mejillas de un bebé ________________ 8. un cielo nublado ______________________

RESPUESTAS

Colores: 1. blue **2.** green **3.** yellow **4.** white **5.** black **6.** red **7.** pink **8.** gray

17 Grocery Stores

Las tiendas de comestibles

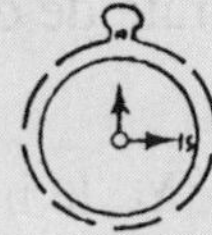

(ueits) *(ME-charz)*

Weights and Measures

pesos y medidas

(KUES-chons)

To Ask Questions

Hacer preguntas

Para decir "hacer una pregunta" en inglés usamos la expresión **to ask a question**. En español hacemos una pregunta a alguien, pero en inglés le hacemos a alguien una pregunta.

Por ejemplo: **Our son asks us a question.**
Nuestro hijo nos hace una pregunta.

I ask the policeman a question.
Le hago una pregunta al policía.

Trate de decir las oraciones siguientes en inglés:

1. Yo le hago una pregunta a María. ______________________________

2. Ellos me hacen una pregunta tonta. ______________________________

3. Los turistas nos hacen muchas preguntas. ______________________________

4. Usted me hace una pregunta difícil. ______________________________

5. Nosotros le hacemos una pregunta al guía. ______________________________

Too Many Questions

Demasiadas preguntas

THE INQUISITIVE ONE
el preguntón

I would like to ask you a question:
Where can I buy milk?

THE POLICEMAN
el guardia

They sell milk in the dairy store
on the corner.

INQUISITIVE ONE

And if I need vegetables and fruit,
where do I go?
adónde voy?

POLICEMAN

To the vegetable store.

INQUISITIVE ONE

And if I want meat and bread?

POLICEMAN

To the meat market and the bakery.

INQUISITIVE ONE

How about fish and candy?

POLICEMAN

You have to go to the fish store and the candy shop.

RESPUESTAS

1. I ask Mary a question. **2.** They ask me a stupid (STU-pid) question. **3.** The tourists ask us many questions. **4.** You ask me a difficult (DIF-i-colt) question. **5.** We ask the guide a question.

INQUISITIVE ONE — **And where do I go if I want cake?**

POLICEMAN — **Well, you must go to the bakery to buy cakes, pies and cookies.**

INQUISITIVE ONE — **And where can I get ice cream or wine?**

POLICEMAN — **To the ice cream parlor and the liquor store...But if you want, you can do all your shopping at the supermarket.**

Dibuje una línea en los artículos que no pueda encontrar en cada una de las tiendas a continuación:

1. Dairy store—butter, cheese, wine
2. Meat market—lamb, oranges, veal
3. Vegetable store—bread, asparagus, grapes
4. Fish store—spinach, trout, tuna
5. Candy store—chocolate bar, tomatoes, candy
6. Bakery—cake, pie, rice
7. Ice cream parlor—ice cream, soda, fish
8. Liquor store—wine, beer, shrimp

RESPUESTAS

1. wine **2.** oranges **3.** bread **4.** spinach

5. tomatoes **6.** rice **7.** fish **8.** shrimp

Another Verb

El verbo **to get** es interesante. Puede traducir *recibir, obtener, ganar, traer, hacer, poner,* y muchos otros verbos. Puede oír este verbo muchas veces.
Por ejemplo:

(RE-di)
We have to get ready now.
preparar

She went to the store to get some bread.
comprar

(plei)
The children get dirty when they play.
ponerse jugar

(PRE-sents)
You get presents on your birthday.
recibir regalos cumpleaños

They get out of the taxi.
bajar

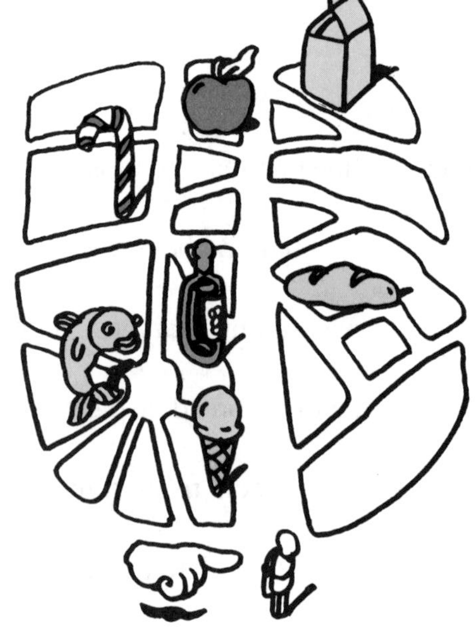

How do we get to the bakery?
¿Por dónde vamos para ir a la panadería?

Suponga que alguien lo detiene en la calle y le pregunta direcciones para ir a la panadería. ¿Puede darle las instrucciones correctas? Use el mapa de la derecha. En este momento la persona está en el lugar marcado en el dibujo.

1. **Go** _______________ **past the** ________________.
derecho heladería

2. **Continue until you pass the** ______________________________.
bodega

3. _______________________ , **and then turn left.**
Doble a la derecha

4. **The bakery will be on your** _____________________________.
izquierda

5. **If you pass the** _________________ **, you have gone too far!**
verdulería

RESPUESTAS
1. straight ahead, ice cream parlor **2.** liquor store **3.** turn right
4. left **5.** vegetable store

WEIGHTS AND MEASURES

Pesos y Medidas

(uei) **to weigh** pesar	*(ueit)* **weight** peso

Para su información, incluimos debajo dos cuadros con la conversión europea/americana de pesos y medidas:

WEIGHT EQUIVALENTS

one pound	=	454 grams
half a pound	=	227 grams
one ounce	=	28.35 grams

LIQUID EQUIVALENTS

one pint	=	0.473 liter
one quart	=	0.946 liter
one gallon	=	3.785 liters

Ahora, ¿puede usted contestar las siguientes preguntas? Use cantidades aproximadas.

1. How much do you weigh *(uei)*? ______________________.
2. How much water do you drink each day? ______________________.
3. What is your best friend's weight? ______________________.

RESPUESTAS

1. I weigh ____ pounds. **2.** I drink ____ glasses of water a day.
3. My best friend weighs ____ pounds.

(aunces) *(paund)*

4. How many ounces are there in a pound? ______________________ .

5. How many gallons of gasoline are there in your car? ______________________ .

Aquí están algunas expresiones útiles que puede necesitar usar cuando compre comida. Escríbalas y dígalas en voz alta:

A dozen ______________

Half a dozen of __________

A pound of _____________

Half a pound of __________

A quarter of a pound of ___________

A gallon of ___________________

I would like __________________
quisera

How much does this weigh? ____________

How much per dozen? _________________

How much does this cost? ______________

That is too much. ______________________

AT THE GROCERY STORE

En la tienda de comestibles

Pregúntele al empleado por los diferentes artículos presentados en los grabados. Empiece las oraciones como hemos indicado en las preguntas que siguen a los dibujos y termínelas como usted desee.

(sop)
soap
jabón

____

a half dozen lemons
limones

____

instant coffee
café instantáneo

____

a can of vegetables
lata legumbres

____

RESPUESTAS

4. There are 16 ounces in a pound.
5. There are _____ gallons of gasoline in my car.

a roll of toilet paper
un rollo de papel higiénico

____

a bag of sugar
una bolsa de azúcar

____

cherries
cerezas

____

a dozen eggs
una docena de huevos

____

a half pound of cherries
media libra de cerezas

____

a box of cookies
una caja de galletas

____

(cuart)
a quart of milk
un litro de leche

____

Comprar comida en los Estados Unidos se hace generalmente una vez a la semana porque aquí todo el mundo tiene un refrigerador. Sin embargo, hay personas que prefieren comprar algunas cosas como frutas y pan todos los días para estar seguros de que están frescos.

1. I would like some ____

2. I need ____

3. We need ____

4. We are looking for ____________________________________
buscamos

5. Do you have ____

(SU-per-MAR-ket)
The Supermarket
Supermercado

En la mayoría de las grandes ciudades americanas, los supermercados tienen casi todas las clases de comida que una persona puede imaginar. Esta lección trata de fruterías, tiendas de vegetales, dulcerías, pescaderías, carnicerías, estanquillos, etc. Sin embargo casi todos estos artículos pueden ser encontrados en cualquier supermercado y hasta en un buen mercado local.

Por eso una "parada para comprar" es realmente parte de la vida de los suburbios de las grandes ciudades americanas. En las ciudades pequeñas y en los barrios de ciudades grandes usted puede encontrar pequeñas tiendas especializadas en artículos diferentes, como pescado fresco, productos lácteos, etc. Y también puede ir al **farmer's market**. (mercado al aire libre)

RESPUESTAS

1. sugar **2.** instant coffee **3.** a quart of milk
4. soap **5.** cherries

Imagínese que usted prefiere no ir al supermercado. En vez de eso, irá a la tienda especializada en los diferentes artículos.¿Qué lugares visitaremos para comprar las cosas mencionadas en las siguientes oraciones? Use los mismos nombres de las tiendas representadas anteriormente en esta sección.

farmer's market

1. We can find rolls and bread at the ______________________.
   panecillos

2. They sell ham at the ______________________________.

3. If we need fresh strawberries, we can go to the ___________________________.
   fresas

4. They sell whipped cream at the _________________________.
   nata

5. If we want lobster, we can buy it at the _________________________.
   langosta

¿Puede hacer preguntas que traigan las siguientes respuestas?

1. They cost 40 cents a pound. ______________________________ .

2. They weigh a quarter of a pound. ____________________________ .

RESPUESTAS

Tiendas **1.** bakery **2.** meat market **3.** vegetable store **4.** dairy **5.** fish store

Preguntas

1. How much (do they cost) per pound?

2. How much do they weigh?

18 The Drugstore

(DRAG-stor)

La droguería

A **drugstore** es algo semejante a nuestra droguería donde se puede conseguir una gran variedad de productos, muchos de ellos no relacionados con necesidades médicas: toallitas de papel para la cara, champú, cosas para el cuidado del cabello, etc.

También usted puede comprar medicinas en la *drugstore*. Aquí se venden medicinas y productos para el cuidado de la salud. Es adonde usted debe ir para conseguir una receta (**prescription**).

AT THE DRUGSTORE

en la droguería

(blo) (DRAI-er)
blow-dryer
la secadora portátil

(com)
comb
el peine

(crim)
cold cream
crema facial

(neil) (PA-ich)
nail polish
esmalte de uñas

(JER-brach)
hairbrush
cepillo de pelo

(TI-chus)
box of tissues
caja de toallitas

(TUT'-brach)
toothbrush
cepillo de dientes

mirror
espejo

(peist)
toothpaste
pasta de dientes

lipstick
lápiz de labios

(sprei)
hairspray
laca para el pelo

(blach)
blush
colorete

mascara
cosmético para las pestañas

nail polish remover
quitaesmalte

Amanda and Fran go to a drugstore and go to the cosmetics counter. Amanda looks at herself in the mirror.
se mira

AMANDA **I need to buy cold cream and a box of tissues.**

FRAN **I never use cold cream: it costs too much. Do you**
demasiado
usually buy your make-up here? This store is for rich
rica
people, not for poor people, like us!
pobre como

AMANDA **True, but I can't find good products in our**
(NEI-bor-jud)
neighborhood.
vecindad

FRAN — **Let me tell you something.** (una cosa) **I can't buy things in this drugstore because the prices are too high.** (altos)

SALESWOMAN — **Good afternoon, ladies.** (Buenas tardes) **Can I help you?**

AMANDA — **I need a comb, a brush, and some hairspray. I also would like to buy a toothbrush and some toothpaste. How much is it?**

SALESWOMAN — **The toothbrush is $2.75 and the toothpaste is $2.25.**

FRAN — **Do you see what I mean? You are going to spend** (gastar) **a lot of money!**

AMANDA — **I would also like to see some make-up: blush, lipstick and mascara, please. Oh, and some nail polish remover, too.**

FRAN — **Do you know something? You spend too much money!**

AMANDA — **It doesn't matter.** (no importa) **These things are not for me—they are for my husband.**

FRAN — *(con una mirada de asombro)* **What?**

AMANDA — **Oh, don't misunderstand me!**

I mean (quero decir) **that I spend so much money** (tanto dinero) **to look beautiful** *(BYU-ti-ful)* (bella) **for him!**

How do I look?

TO LOOK = PARECER

He aquí otro empleo para el verbo **to look.**

You look very well today.

That color looks very good on you.

¿Puede comprender estas frases?

You look hungry. Do you want to get something to eat?

That dress looks very good on you. Do you want to buy it?

You look tired. Do you want to go to sleep?

¿Puede contestar estas preguntas?

1. Does the color blue look good on you?

____

2. Do you look tired at the end of the day?

____

3. Do you look happy when it is a nice day?

____

4. Do you look sad when your suitcase is lost?

____

RESPUESTAS

Preguntas: 1. Yes, the color blue looks good on me. (No, the color blue doesn't look good on me.) **2.** Yes, I look tired at the end of the day. (No, I don't look tired. . .) **3.** Yes, I look happy when it is a nice day. (No, I don't look happy. . .) **4.** Yes, I look sad when my suitcase is lost. (No, I don't look sad. . .)

1. Nombre algunas cosas que un hombre puede comprarse en una **drugstore:**

____

____

2. ¿Cuáles son dos cosas que las mujeres usan en las uñas?

____

____

3. Nombre tres productos de belleza que se usan en la cara, labios y ojos: ____________

____

____

4. ¿Qué usan las mujeres en el pelo?______________________________

____

HENRY	**Do you sell fruit here?**
SALESMAN	**No. To buy fruit you have to go to the supermarket or to the vegetable store.**
HENRY	**Do you have cigarettes and lighters?** cigarettes = cigarillos; lighters = encendedores
SALESMAN	**Yes, those I have.**

lighter ____________________

cigarettes ____________________

RESPUESTAS

1. a brush, a comb, toothpaste, etc. **2.** nail polish, nail polish remover **3.** rouge, lipstick, mascara
4. hairspray, shampoo

deodorant

____

electric razor

____

HENRY **I also need deodorant, a razor** *(REI-zer)***, and some razor blades** *(bleids)***. My electric** *(i-lek-trik)* **razor doesn't work** (no funciona) **in this country. The electricity is no good here.**

SALESMAN **The problem is not with the electricity, it's with your razor. You see, you have to buy a converter** (transformador) **for your razor.**

HENRY **Oh, no! Another problem!**

SALESMAN **I have an idea: Don't shave** *(cheiv)***! After all, I have a beard** *(bird)***, and women are crazy** *(KREI-zi)* (**locas**) **about** (**por**) **me!**

razor blades

____

razor

____

Llene los siguientes espacios en blanco, usando palabras inglesas:

1. Nombre dos cosas que usted encuentra en una tabaquería:

____________________, ____________________

2. ¿Qué cosas usan los hombres para afeitarse?

________________, ________________, ________________

3. ¿Qué hay que usar para no ofender a otros, especialmente cuando hace calor?

____

RESPUESTAS

1. pipes, tobacco, etc. **2.** an electric razor, blades, razor **3.** deodorant

AT THE PHARMACY COUNTER
En la Farmacia

I believe you are too late!
creo tarde

aspirin
aspirinia

pills
pastillas

Mary goes to the drugstore to buy a few things. She asks for
algunas

bandages, alcohol, and a thermometer. She tells the pharmacist that
venditas

she has a headache, and he gives her some aspirin. She is putting on
dolor de cabeza engorda

weight, she feels sick in the morning, and she is nauseous. The
mareada

pharmacist says, "I think that you need talcum powder, safety pins,

and diapers!"

bandaids
venditas

thermometer
termómetro

talcum powder
talco

safety pins
alfileres de seguridad

diapers
pañales

Aquí están algunas frases útiles para sus pequeños problemas y sus necesidades higiénicas:

I need something for:

(in-di-CHES-chon)
indigestion
indigestión

a cold
resfriado

constipation
estreñimiento

a sore throat
dolor de garganta

I would like to buy:

an antacid
antiácido

an antiseptic
antiséptico

(AI-o-dain)
iodine
yodo

bandages
vendas

cotton
algodón

(SI-zors)
scissors
tijeras

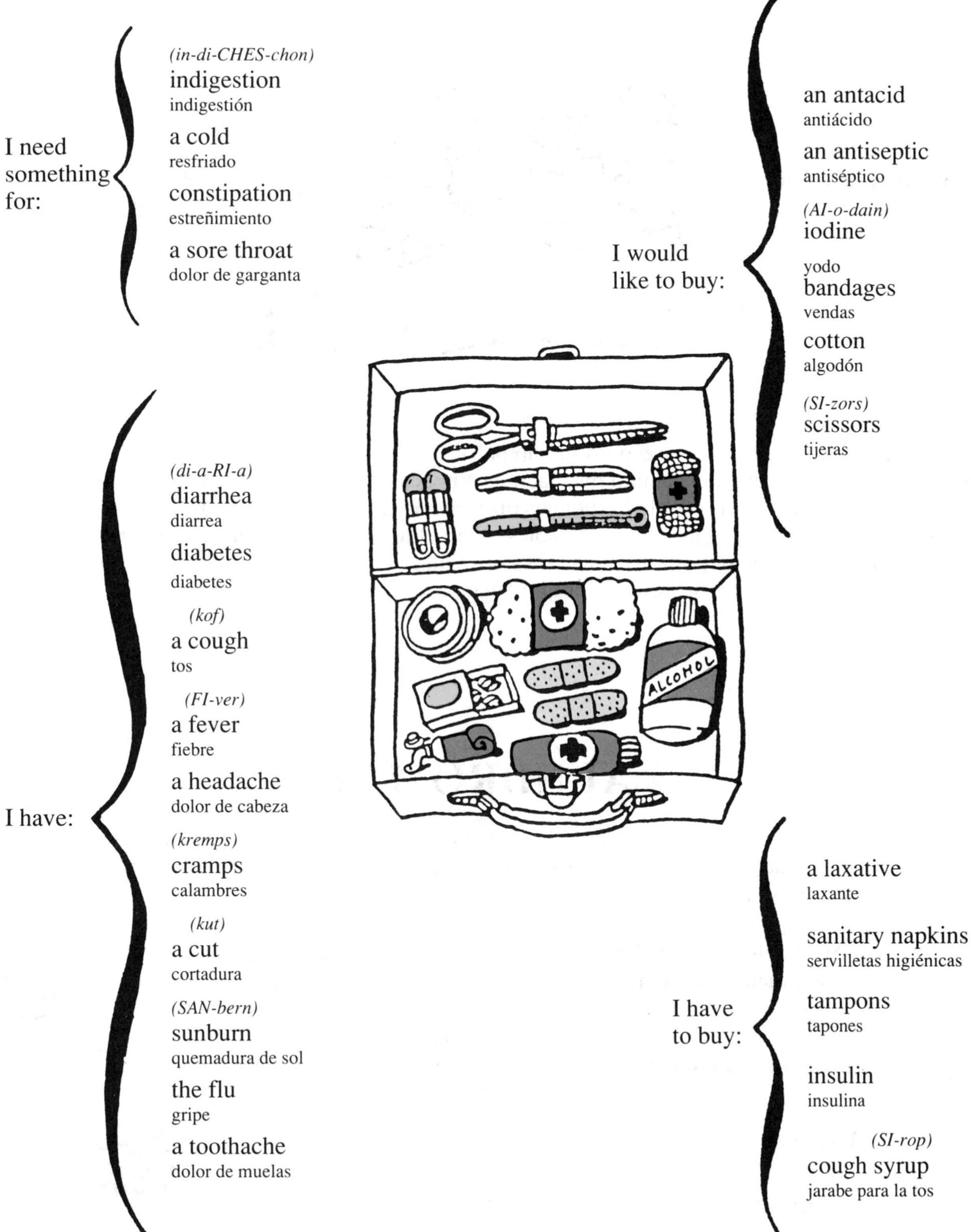

I have:

(di-a-RI-a)
diarrhea
diarrea

diabetes
diabetes

(kof)
a cough
tos

(FI-ver)
a fever
fiebre

a headache
dolor de cabeza

(kremps)
cramps
calambres

(kut)
a cut
cortadura

(SAN-bern)
sunburn
quemadura de sol

the flu
gripe

a toothache
dolor de muelas

I have to buy:

a laxative
laxante

sanitary napkins
servilletas higiénicas

tampons
tapones

insulin
insulina

(SI-rop)
cough syrup
jarabe para la tos

19 The Laundry and the Dry Cleaner's

(LON-dri) (drai) (KLI-nerz)

La Lavandería y la Tintorería

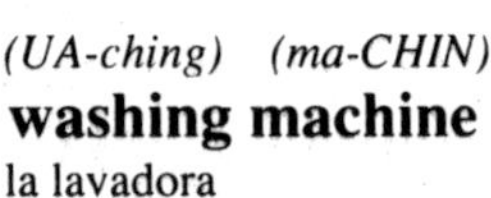

(UA-ching) (ma-CHIN)
washing machine
la lavadora

(DRAI-er)
dryer
la secadora

Aunque los servicios de lavado en seco no son un problema pues en los Estados Unidos hay muchas tintorerías, usted puede tomar el camino más fácil de empacar solamente ropa **wash-and-wear** (inarrugable). Además la mayoría de los hoteles ofrecen servicios de lavado de ropa incluyendo planchado y remiendo por precios muy razonables. Para el turista que está siempre de un lado para otro, esta solución es la mejor porque le da más oportunidades de ver o visitar diferentes lugares sin la inconveniencia y el fastidio de hacer su propio lavado.

(LON-dro-met)

LAUNDROMAT

Susana, una alumna extranjera de intercambio estudiantil, va a lavar la ropa por primera vez en el establecimiento de lavadoras automáticas. Afortunadamente para ella, una señora con varios niños también está haciendo su lavado.

SUSANA **Excuse me, can you please help me? How much detergent** (detergente) **do I put in the machine to wash my lingerie?** *(lan-cher-EI)* (ropa blanca)

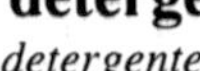

detergent
detergente

____

LADY **Well, only half a cup for so little.**

basket
cesto

SUSANA *(pensando)* **It is not enough.** *(Pone dos tazas llenas y la espuma empieza a desbordarse.)* ______________________

LADY (*alarmada*) **Only half a cup! If you use** *(yus)* **more, you'll have problems.** *(yul)*

Susana finalmente está lista para secar la ropa. Otra muchacha joven, una estudiante, está en la vecindad.

SUSANA **Can you tell me how many coins I have** (monedas) **to put in the dryer to use it?** (meter) **By the way,** (a propósito) **where is the slot?** (ranura)

(La secadora no empieza a funcionar.)

STUDENT **You have to press this button.** (apretar, botón) **Then the machine starts and it dries your clothes.** (seca)

SUSANA **This is the first time I am washing my** (vez, lavo) **clothes at a laundromat. My mother always does my laundry at home.**

STUDENT **Oh, are you a new student here? I am in the third year at the college.** *(CA-lech)* (universidad)

SUSANA **Are you a student, too? How wonderful! Can we get together to talk?** (juntarnos) *(tok)* **I would like to ask many questions about college life.** (sobre, vida)

dryer
secadora

____

clothesline
cordel

____

to hang clothes
tender la ropa

____

clothes pins
pinzas

____

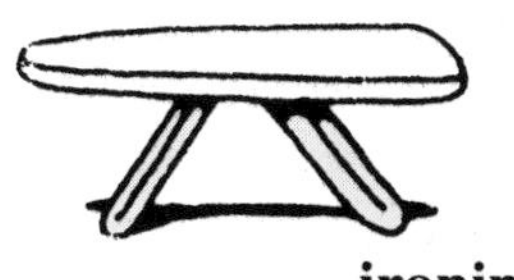

ironing board
tabla de planchar

____

iron
plancha

____

Trate de contestar las preguntas siguientes:

1. At the laundry, what two machines do you have to deal with?

____

2. What does the washing machine do? The washing machine ____________ your clothes.

3. What does the dryer do? The dryer ______________________ your clothes.

4. Besides clothes, what must you put in the washing machine? ______________

5. What must you put in the washing machine slot? ____________________

6. Where do we put the coins? We put the coins in the ____________________.

THE HOTEL: THE LAUNDRY AND THE DRY CLEANER'S

Lavado de ropa

Lavado en seco

Si usted decide no usar las lavadoras automáticas y usar los servicios de lavandería y tintorería del hotel, usted necesitará saber las siguientes expresiones. Trate de escribirlas en los espacios en blanco y repítalas en voz alta:

Do you have laundry service? ______________________________

I have clothes to wash. ______________________________

(so)
Can you sew a button on this shirt for me? ______________________
coser

(sliv)
Can you mend the sleeve of this blouse for me? ______________________

RESPUESTAS

1. washing machine, dryer **2.** washes **3.** dries **4.** detergent **5.** coins **6.** slot

I don't want starch in my underwear! ___________________________
almidón

Can you iron this shirt again? ___________________________
otra vez

Can you take this suit to be dry-cleaned? ___________________________
llevar

Can you take out this stain? ___________________________
quitar mancha

Can I hang wet clothes in the bathroom? ___________________________
tender mojada

(kom-PLEINTS)

COMPLAINTS

Las quejas

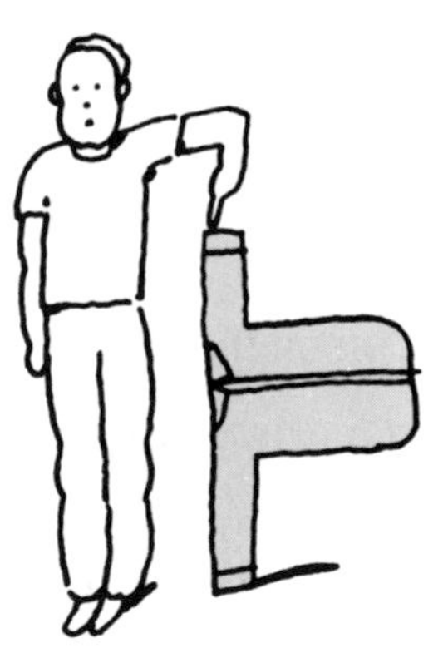

John always sends his clothes to the hotel laundry and dry cleaner's.
manda

However, this time there are problems. There is a mix-up, and many of
sin embargo equivocación

the clothes that they return to him belong to another person. He goes to the
que

manager to complain. In the first place, he never wears a bra or pantyhose.
gerente en primer lugar sostén pantimedias

Besides, his shirts have too much starch, and one of them is completely ruined; it is scorched.
además destrozada chamuscada

He is also missing (faltan) two socks — one is red and the other is green. The suit that is back (devuelven) from the dry cleaner's still (todavía) has a stain on the sleeve. He has a right to complain, doesn't he?

¿Cómo se quejaría usted sobre tales cosas? Usted querría usar algunas de las siguientes frases o expresiones. Escríbalas y dígalas en voz alta:

I have a complaint. ______________________________

There has been a mix-up. ______________________________

These clothes belong to someone else. ______________________________

This shirt has too much starch. ______________________________

My clothes are ruined. ______________________________

This shirt is scorched. ______________________________

A button is missing. ______________________________

There is a stain on these pants. ______________________________

I am missing a pair of socks. ______________________________

Haga un círculo en las frases y palabras de cada una de las oraciones siguientes para expresar sus quejas cuando trate con la lavandería y la tintorería. Más de una respuesta puede ser posible algunas veces.

1. This shirt is missing: a clothesline, a stain, a button.
2. This shirt is: ruined, scorched, closed.
3. There is a button, washing machine, stain on my suit.
4. I am missing, I like, I call my underwear.
5. This shirt has too much cotton, starch, rouge.
6. These suits belong to someone else, are ours, are pretty.

RESPUESTAS

1. a button **2.** ruined, scorched **3.** stain **4.** I am missing **5.** starch **6.** belong to someone else

20 The Beauty Parlor and the Barbershop

(BIU-ti) (PAR-ler) (BAR-ber-chop)

La Peluquería y la Barbería

The Beauty Parlor

Usted puede querer arreglarse el pelo mientras viaja. Esperamos que no le pase nada semejante a esto.

(Josephine va a la peluquería como todas las semanas.)

BEAUTICIAN (peluquero) **What would you like, madam?**

JOSEPHINE **A wash and set, please, and a touch-up.** (TOCH-op)

wash: lavado; set: peinado; touch-up: retoque

And can I also have a facial and a manicure? (FEI-chel)

permanent
permanente

____

hair wash
lavar el pelo

____

facial
masaje facial

____

BEAUTICIAN **You have a dark complexion and your hair is also dark. What color would you like the rinse? The same color, or a little darker?**

(kom-PLEK-chon) complexion; morena dark; enjuague rinse; mismo same; más oscuro a little darker

JOSEPHINE **A little lighter, please. I want curls on the sides and waves on top. Can you cut a little in the back? I don't like long hair.**

(LAI-ter) más claro lighter; (kerlz) rizos curls; (saidz) a los lados on the sides; (ueivz) ondas waves; arriba on top; por detrás in the back; largo long

(Una hora más tarde el peluquero cepilla el pelo de Josephine y ella se mira en el espejo.)

JOSEPHINE **Oh, my goodness! I am a blonde, and my hair is very short!**

(bland) rubia blonde; (chort) corto short; pelo hair

manicure
manicura

____

shampoo
champú

____

rollers
rulos

____

to brush
cepillar

____

hairbrush
cepillo

____

Aquí están algunas oraciones útiles que una mujer querría saber antes de ir a la peluquería. Trate de escribirlas y de decirlas en voz alta:

I would like to make an appointment for tomorrow.
turno

____

(*JER-kat*)
I need a haircut.
corte de pelo

____

Don't put hairspray on my hair.

____

I want bangs.
flecos

____

I wear my hair in a bun.
moño

____

Cuando usted esté en la peluquería, tal vez desee secarse el pelo: **Can you please dry my hair with a blow-dryer?**

Si usted no quiere que el peluquero le quite mucho pelo, sólo diga: **Just trim it** (recórtelo) **a little bit.**

Para tener el pelo con mechas diga: **I want my hair frosted**.

Si quiere el estilo africano debe pedir: **I want an Afro.**

Para tener un permanente suave, necesita decir: **Please give me a body wave**.

Es costumbre dar una propina a cada una de las personas que le hacen algo en el pelo igual que a la manicurista.

The Barbershop

La barbería

Nota:
En los Estados Unidos, se usa **beauty parlor** para decir peluquería, y **barbershop** para barbería.

Practique las nuevas palabras escribiéndolas en los espacios siguientes:

to shave
afeitar

____

clippers
maquinilla

____

to shave oneself
afeitarse

____

Anthony goes to the barbershop because he needs a haircut. First the barber shaves Anthony and then he trims his beard, his moustache (bigote) **and his sideburns** *(SAID-berns)* **with clippers. Later he washes Anthony's hair and gives him a haircut. Anthony likes his hair very short, and the barber cuts a lot off the top and the back. Anthony is very tired, and he falls asleep** *(a-SLIP)* (se duerme) **in the chair** (asiento)**. The barber cuts more and more hair. Finally** *(FAI-na-li)* **he says, "That's it, sir."** (ya está) **Anthony looks at himself in the mirror and he sees that he is bald** *(bold)*. **"How much do I owe you?"** (¿cuánto le debo?) **he asks. The barber says, "You can pay me for six haircuts — I think that you won't come back very soon!"** (pronto)

razor
navaja

____

scissors
tijeras

____

bald
calvo

____

to comb
peinar

to style
peinar a la moda

haircut
corte de pelo

to trim
recortar

to cut
cortar

moustache
bigote

sideburns
patillas

beard
barba

En inglés, cuande se afeita, puede decir **I shave *myself,*** o simplemente **I shave.** Y para **to comb** (peinarse), diga **I comb my hair.**

¿Puede contestar estas preguntas?

1. Does the barber shave you, or do you shave yourself?

2. Does the beautician comb your hair, or do you comb you hair yourself?

3. Does the beautician wash your hair, or do you wash your hair?

RESPUESTAS

1. The barber shaves me. *o* I shave myself. **2.** The beautician combs my hair. *o* I comb my hair myself. **3.** The beautician washes my hair. *o* I wash my hair.

When you *don't* want something. . .

Ya sabe hacer demandas en inglés. Ahora vamos a aprender las demandas negativas.

Usamos el verbo **to do**. ¿Recuerda este verbo? Es muy importante en el negativo con las demandas también.

Please cut my hair very short.
Please *don't* cut my hair very short.

Escriba las demandas debajo en el negativo.

1. Trim my beard. ________________________________
2. Bring me some wine. ________________________________
3. Close the door. ________________________________
4. Carry the suitcase. ________________________________

Y ahora, escriba estas demandas negativas en la forma afirmativa.

5. Don't give me more soup. ________________________________
6. Don't wash the clothes. ________________________________
7. Don't turn left here. ________________________________
8. Don't try on the red dress. ________________________________

RESPUESTAS

1. Don't trim my beard. **2.** Don't bring me any wine. **3.** Don't close the door. **4.** Don't carry the suitcase. **5.** Give me more soup. **6.** Wash the clothes. **7.** Turn left here. **8.** Try on the red dress.

21 The Newsstand and the Stationery Store

(NUS-tend) *(STEI-chen-e-ri)*

El quiosco y la papelería

newsstand
quiosco

stationery store
papelería

(to-BAK-o)
tobacco store
tabaquería

AT THE NEWSSTAND

En el quiosco

YOUNG MAN **Excuse me. Do you have newspapers in Spanish?** *(NUS-pei-perz)*

OWNER **Yes, we have several from Spain and Latin America.**

YOUNG MAN **I would also like to buy some postcards.**

OWNER **Here are some nice views of the city.** *(vyuz)* vistas

YOUNG MAN **Do you sell airmail stamps?** sellos aéreos

OWNER **No, but you can buy them at the post office.**

newspaper
periódico

YOUNG MAN **And cigarettes? I would like to buy a pack of American cigarettes.**
cajetilla

OWNER **You can get them at the stationery store or at the tobacco shop.**

YOUNG MAN **And do you have some magazines with photos? *Playboy*, for example? It is not for me; it is for my grandfather.**
(fo-tos)

(ma-ga-ZIN)
magazine
revista

____

OWNER *(con las cejas levantadas)* **Yes, of course.**
por supuesto

YOUNG MAN **I will take the newspaper, the postcards and the magazine. How much do I owe you?**
llevar
le debo

postcards
tarjetas postales

OWNER **Three dollars even. Thank you, and have a nice day.**
(I-ven)
exacto

____

(EIR-meil)
airmail stamps
sellos aéreos

____

a pack of cigarettes
cajetilla de cigarillos

____

Trate de leer varias veces en voz alta la conversación entre el joven y el dueño del quiosco. Cuando usted esté seguro de su significado, vea si puede llenar los espacios en blanco con las palabras que faltan:

1. YOUNG MAN Excuse me. Do you have ____________ in English?

2. OWNER Yes, we have several from __________ and __________.

3. YOUNG MAN I would also like to buy some ______________.

RESPUESTAS

1. newspapers 2. Spain, Latin America 3. postcards

4. OWNER — Here are some ____________ ____________ of the city.

5. YOUNG MAN — Do you sell airmail ______________?

6. OWNER — No, but you can buy them at the ____________ on the corner.

7. YOUNG MAN — And cigarettes? I would like to buy a _______ of American ______.

8. OWNER — You can get them at the candy store or at the ______________.

9. YOUNG MAN — Do you have some __________ with photos? *Playboy,* _________ ________. It is not _______ me; it is for my _______.

10. OWNER — Yes, _____ _____.

11. YOUNG MAN — I will _____ the newspaper, the postcards and the magazine. How much _____ _____ _____ _____ ?

AT THE STATIONERY STORE

En la papelería

ballpoint pen
el bolígrafo

____

pencil
el lápiz

____

(BOL-point)
If I need a ballpoint pen and a pencil, I go to the stationery store. If
bolígrafo lápiz

I want to write a letter, I use stationery, and I put the letter in an
carta papel de escribir

(EN-ve-lop) *(NOT-buks)*
envelope. They also sell notebooks at the stationery store. I can
sobre

write notes in a notebook or on a notepad.
cuaderno bloc de papel

RESPUESTAS

4. nice views **5.** stamps **6.** candy store **7.** pack, cigarettes **8.** tobacco shop **9.** magazines, for example, for, grandfather **10.** of course **11.** take, do I owe you

stationery
papel de escribir

____

envelope
sobre

____

(rep) *(PEK-ech)* *(teip)*
If I want to wrap a package, I need tape, string and wrapping paper.
envolver paquete papel de envolver

In order to ask for something, I say, "I would like to buy...," or
para algo

"Excuse me, do you have...?"

notepad
bloc de papel

____

notebook
cuarderno

____

tape
cinta adhesiva

____

string
cuerda

____

¿Puede contestar las siguientes preguntas sobre la papelería?

1. ¿Qué dos cosas puede usted usar para escribir?

   A ____________________ and a ____________________ .

2. Cuando escribe una carta, ¿en qué escribe?

   On ______________________________.

3. ¿Qué tres cosas usa para envolver un paquete?

   I use ______________, ______________ and ________________ .

RESPUESTAS

1. ballpoint pen, pencil **2.** stationery **3.** wrapping paper, tape, string

4. ¿Dónde pone la carta antes de enviarla?

In an ______________________________ .

5. ¿En qué dos cosas puede escribir apuntes?

In a ________________ or on a __________________ .

En inglés, es necesario tener cuidado con estos dos verbos:
TO WAKE UP y **TO GET UP**. **To wake up** significa "despertarse;" **to get up** significa "levantarse."

TO WAKE UP	
I wake up yo me despierto	We wake up nosotros nos despertamos
You wake up tú te despiertas usted se despierta	You wake up ustedes se despiertan
He wakes up She él ella se despierta	They wake up ellos ellas se despiertan

TO GET UP	
I get up yo me levanto	We get up nosotros nos levantamos
You get up tú te levantas usted se levanta	You get up ustedes se levantan
He gets up She él ella se levanta	They get up ellos ellas se levantan

RESPUESTAS

4. envelope **5.** notebook, notepad

Ahora trate de contestar estas preguntas:

1. What time do you wake up?

____

2. Do you eat breakfast when you get up?

____

3. What time do you get up on Sundays?

____

(E-si-li)
4. Do you wake up easily?

____

5. Do you like to get up early or late?

____

Mire el mapa de las calles en la próxima página. Un turista español está parado en el lugar indicado. Está desesperado por un cigarillo pero no le queda ninguno. Un amigo americano le dio un paquete de cigarillos americanos. El turista se está muriendo por un cigarillo español que tiene un aroma más fuerte. El va a la barbería al otro lado de la calle para pedir las direcciones a la **tobacco shop** más cercana. Suponga que usted es el barbero. Trate de dar las direcciones necesarias para que el turista llegue a la tobacco shop.

¿Puede seguir con un lápiz esta ruta en el mapa?

1. ____________________ **(Seguir) to the right along this street to the corner where the dry** (por = along) **cleaner is.**

2. **Then,** ______________ **(doblar) to the left and** ______________ **(caminar) straight** (derecho) **ahead** *(a-JED)*. **At the first intersection** *(in-ter-SEK-chon)* **there is a pharmacy.**

3. ______________ **(Pasar) the pharmacy and** ______________ **(continuar) one block** (manzana) **to the next intersection.**

4. **Then** ____________________ **(doblar) right.**

5. **At the next corner,** ________________ **(tomar) the street on the left.**

6. ____________________ **(caminar) straight ahead.**

7. ______________ **(doblar) to the left at the first intersection and** ______________ **(continuar) to the end of the street. The tobacco shop is on the corner at the left.**

RESPUESTAS

1. Go **2.** turn, walk **3.** Pass, continue **4.** turn **5.** take **6.** Walk **7.** Turn, continue

22 The Jeweler and the Watchmaker

El joyero y el relojero

THE JEWELER

JEWELER **How can I help you, sir?**

(BREI-slet)
CUSTOMER **I would like to buy something for my wife. A bracelet or perhaps a gold ring.**
brazalete tal vez anillo de oro

JEWELER **I can show you these bracelets and these silver rings.**

CUSTOMER **No, I don't like silver; I prefer gold.**
plata

(NEK-les)
JEWELER **Are you interested in a pin? Or, perhaps a necklace?**
prendedor collar

(Ir-rings)
CUSTOMER **No... Can you show me some earrings?**
aretes

(SER-ten-li)
JEWELER **Certainly. Perhaps you would like these pendant earrings.**
pendientes

(chein) (tu)
CUSTOMER **Yes, and a ring and a gold chain, too.**
cadena

JEWELER **Excellent—the earrings, this ring and this chain all match.** *(mech)* hacer juego

CUSTOMER **Very good. I'll take them. How much do I owe you?** los llevo

JEWELER **$500.**

CUSTOMER **$500! That's too much!** (*Tocando en forma sospechosa el bolsillo de su chaqueta*): **Hands up!** ¡manos arriba!

Practique escribiendo las nuevas palabras en los espacios debajo de los dibujos:

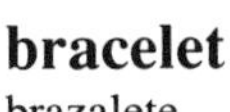

bracelet
brazalete

____

earring
arete

____

(broch)
pin, brooch
prendedor

____

pendant earring
pendiente

____

necklace
collar

____

chain
cadena

____

ring
anillo

____

Trate de contestar las siguientes preguntas:

(UI-men) (FIN-guers)
1. Can you name the jewelry women wear on their fingers?

2. What do women wear on their ears?

3. What two things do women wear around the neck?

(rist)
4. What is worn on the wrist?

THE WATCHMAKER

alarm clock
reloj despertador

wristwatch
reloj pulsera

RESPUESTAS

1. rings **2.** earrings **3.** necklace, chain **4.** bracelet

watchmaker
relojero

watchmaker's shop
relojería

Practique escribiendo las nuevas palabras, llenando los espacios debajo de los dibujos. Cuando haya hecho esto, lea en voz alta las oraciones siguientes, que pueden ayudarle cuando usted visite al relojero. Después que las haya practicado en voz alta, trate de escribirlas en los espacios en blanco:

(ri-PER)
Can you repair this watch?
reparar

(clin)
Can you clean it?
limpiarlo

My watch is fast.
se adelanta

(slo)
My watch is slow.
se atrasa

(stapt)
My watch stopped.
parado

My watch doesn't work.
no anda

The Beginning and the End of the Day

TO GET UP, TO WAKE UP = LEVANTARSE   TO GO TO BED = ACOSTARSE

Estos verbos son muy importantes todos los días. ¿Recuerda el verbo **to get**? Aquí tenemos.

I wake up every morning at six o'clock.
I don't get up until seven thirty
I go usually to bed at eleven o'clock.
When I am on vacation, I don't go to bed until one or two o'clock in the morning.

¿Puede contestar estas preguntas?

1. When do you usually wake up in the morning?

____

2. Do you go to bed when you are sleepy?

____

3. Do you go to bed at the same time every day?

____

Trate de leer el siguiente párrafo para ver si usted lo comprende fácilmente. Usted puede querer referirse a las oraciones anteriores sobre la relojería:

My wristwatch doesn't run well. One day it is fast, the next day it is slow.

(uaind)
Today it stopped completely and I can't wind it. I am going to take it to
darle cuerda   llevarlo

the watchmaker's and the watchmaker will repair it. He will also clean it.

(ri-CIT)
If I have to leave it, the watchmaker will give me a receipt.
dejarlo   recibo

RESPUESTAS

1. I usually wake up at ________ o'clock. **2.** Yes, I go to bed when I am sleepy.
3. Yes, I go to bed (No, I don't go to bed) at the same time every day.

¿Puede llenar los espacios siguientes con las nuevas palabras que ha aprendido?

1. My watch doesn't ____________ well; one day it ____________ , the next day it ____________ .

2. Cuando usted siempre llega temprano a las citas, ¿cuál puede ser el motivo?

   My watch ________________________ .

3. Cuando las manecillas del reloj no se mueven, ¿cómo describe el problema?

   My watch is ________________________ .

4. ¿Qué hace usted diariamente para mantener su reloj caminando?

   I ________________________ .

5. ¿Adónde lleva su reloj para arreglar?

   I take my watch to ________________________ .

6. ¿Cómo se llama la persona que arregla el reloj?

   ________________________ .

7. Cuando deja su reloj, ¿qué le da el relojero?

   He gives me a ________________________ .

RESPUESTAS

1. run, is fast, is slow **2.** is fast **3.** stopped, is broken
4. wind it **5.** the watchmaker's **6.** the watchmaker **7.** receipt

23 The Gift Shop, The Music Store, The Photography Shop

La tienda de artículos de regalo, de música, de fotografía

AT THE GIFT SHOP

SALESMAN **Can I help you?**
puedo ayudarle

TOURIST **I am looking for a gift... something typically American, a souvenir from the United States.**
típicamente (*su-ve-NIR*) recuerdo

SALESMAN **For a man or a woman?**

TOURIST **For a woman.**

too expensive!

SALESMAN **Perhaps a scarf? A leather purse? Perfume?**
bufanda bolsa de cuero

TOURIST **How much is the silk scarf?**

SALESMAN **Fifty dollars.**

TOURIST **Can you show me another? A less expensive one?**

SALESMAN **Of course. This cotton scarf costs much less — $12.**
por supuesto

TOURIST **That is still too much!**
todavía

SALESMAN **But, madam, in your country a scarf like this one would cost twice as much. You can sell it and you will double your money!**
(*tuais*) doble doblar

TOURIST **In that case, I am going to take a dozen!**
caso

gift
regalo

Escriba las palabras debajo de los grabados:

rug
alfombra

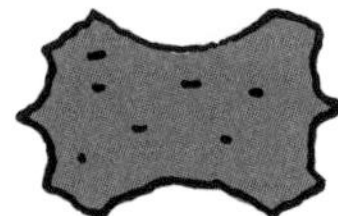

____

silverware
vajilla de plata

____

scarf
bufanda

____

ring
anillo

____

purse
bolso

____

wallet
cartera

____

painting
pintura

____

charm
dije

____

key ring
llavero

____

receipt
recibo

____

perfume
perfume

____

AT THE MUSIC STORE

En la tienda de música

Mr. López likes classical music very much, but he doesn't have too much money. Every Saturday he takes
dinero todos

the bus or the subway and he goes to a record store in
disco

another section of the city. He chooses three or four
escoge

records, goes to a booth and listens to the music
cabina escucha

of his favorite composers for two or three hours. Then he returns home very happy.
compositores

(NEI-bors)
However, when he gets there, he hears another kind of music coming from his neighbor's
sin embargo oye saliendo de vecino

(rak) (grup) (NAIT-mer)
house. It is his neighbor's son's rock group. This is a nightmare for poor Mr. López,
conjunto pesadilla

who is a fan of Mozart and Beethoven.
aficionado

music store
tienda de música

____

radio

____

television
televisor

____

turntable
tocadiscos

____

needle
aguja

____

tape recorder
grabadora

____

recording tape
cinta magnética

____

cassette
casete

____

records
discos

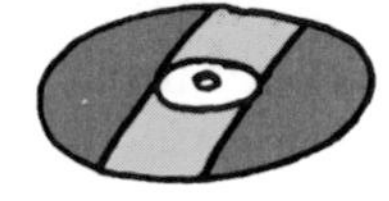

____

classical music
música clásica

____

popular music
música popular

____

Nota: To listen and **to listen to** quieren decir "escuchar." En inglés se usa **to** después de **listen** cuando nos referimos a la música, la radio, una persona, etc. Por ejemplo: **I like to listen to classical music**, **I listen to my teacher**, pero **I listen carefully**.

Conteste **True** o **False:**

1. Mr. López likes rock music. ______________________________
2. Mr. López is very rich. ______________________________
3. Every Saturday he goes to the grocery store. ______________________________
4. On Saturdays he listens to classical music. ______________________________
5. Mr. López goes to the same store every week.______________________________
6. Mr. López returns home very happy. ______________________________
7. When he returns home he hears his favorite music. ______________________________
8. His neighbor's son has a rock group. ______________________________

RESPUESTAS

1. False **2.** False **3.** False **4.** True **5.** False **6.** True **7.** False **8.** True

Los jóvenes de todo el mundo escuchan **rock music**. Los grupos más populares tienen **fans** (aficionados) por todas partes. Los jóvenes van a **rock concerts** (conciertos) y son muy felices allí. O tocan los discos en casa.

Pero **rock music** es muy fuerte.

Y muchas veces los padres no son felices.

Do you like rock music?

Or do you prefer classical music?

SALESMAN **What can I do for you?**

(jit)
OLD MAN **I would like to buy a hit song. It is for my grandson.**
último éxito nieto

SALESMAN **Does he like classical music? Country music? Or is he a rock fan?**

OLD MAN **He likes only rock music.**

SALESMAN **Then you should get this record.**

It is a big hit with young people this year.

OLD MAN **OK, I am going to take it...but, personally, I can't stand that**
personalmente aguantar

kind of music! They always play it
la tocan

(laud) *(IR-mafs)*
too loud! Oh, do you also sell earmuffs?
fuerte orejeras

AT THE PHOTOGRAPHY STORE

En la tienda de fotografía

Sacar fotos es una de las partes más importantes de los viajes; por eso, **Go ahead** ¡Adelante con su cámara!

photographer

(di-VEL-op)
OLD TOURIST **Can you develop this roll of film?**
carrete de película

(slaidz)
SALESMAN **Do you want slides?**
transparencias

OLD TOURIST **No, only prints.**
impresiones

SALESMAN **You can come by to pick them up the day**
pasar por aquí recogerlas

after tomorrow. Here is your receipt.
pasado mañana

OLD TOURIST **I would also like to buy a roll of 35 millimeter**
milímetros

(ex-PO-chers)
film with 24 exposures. There are so many pretty girls on the street today and I
tantas bonitas

(PIC-chers)
want to take their pictures! I am going home now to look for my camera.
sacarles fotos

film
carrete de película

____

print
impresión

____

enlargement
ampliación

____

slides
transparencias, diapositivas

____

camera
cámara

____

lens
lente

____

the photography store

____

Let's . . .

Vamos a . . .

Por "vamos a" en inglés decimos **Let's** (la contracción para **let us**). ¿Desea caminar por la calle? Decimos:

Let's go for a walk.

¿Puede usar **Let's** en estas situaciones?

1. ¿Desea comprar un periódico?

____

2. ¿Desea viajar en tren?

____

3. ¿Desea sacar las fotos?

____

RESPUESTAS

1. Let's buy a newspaper. **2.** Let's take a train trip. **3.** Let's take pictures.

24 The Shoemaker and the Optometrist

El zapatero y el optometrista

(ac-QUEIN-ted) *(UO-quing)*
To **get acquainted** with a foreign city you have to do a lot of walking. For example, you
conocer bien extranjera

might want to visit the important monuments in different parts of the city. These are things

(a-PRI-chi-eit)
that you cannot **appreciate fully** from a bus or a taxi. Since you have to walk so much, you
apreciar completamente desde

(jert)
must wear a comfortable pair of shoes. If your **feet hurt**, how can you walk a lot? In this
cómodo duelen

(keis)
case, you have to talk to the shoemaker.
situación zapatero

Escriba **True o False** después de cada informe:

1. To get acquainted with a foreign city, it is necessary to run (correr) a lot. ________________

2. The important monuments are all in the same part of the city. ________________________

RESPUESTAS

1. False **2.** False

3. It is good to get acquainted with a city by bus. ________________

4. In order to walk a lot, you must wear comfortable shoes. ________________

5. The shoemaker works in the bakery. ________________

AT THE SHOEMAKER'S

En la zapatería

shoemaker
zapatería

shoelace
cordón

sandal
sandalia

shoes
zapatos

WOMAN **Good afternoon. Can you repair this shoe? The heel (*jil*) is broken.**
tacón roto

SHOEMAKER **No, I'm sorry (*SA-ri*), but it is plastic and it is impossible to repair it. I**
lo siento

can put another heel on it, if you want. When do you need these shoes?
ponerle

WOMAN **Tomorrow, if possible. I am only going to be here until the day after tomorrow. I am a tourist.**

SHOEMAKER **Come back tomorrow, after 4:00 but before 8:00. I close at 8.**
después antes cierro

By the way, how is it possible to break a heel like this?
a propósito romper

RESPUESTAS

3. False 4. True 5. False

WOMAN **I am a Flamenco dancer, and at times I stamp my feet too hard!**
a veces doy pisadas fuertes

¿Puede dar las palabras que faltan de la conversación anterior?

1. The woman's ________________ is broken.
2. The broken heel is made of __________________.
3. The shoemaker cannot ____________________ the broken heel.
4. The woman will only be in the city until ___________________.
5. She must pick up her shoes tomorrow __________________ 4:00.
6. The shoemaker ____________________ the store at 8:00.
7. The woman is a Flamenco _________________.
8. At times she stamps her feet too ________________.

Consulte los dibujos anteriores. Luego díganos a continuación el nombre de las tres cosas que usted puede encontrar en la zapatería:

_____________________, _____________________, ______________________.

RESPUESTAS

1. heel **2.** plastic **3.** repair **4.** the day after tomorrow
5. after **6.** closes **7.** dancer **8.** hard
shoelaces, sandals, shoes

AT THE OPTOMETRIST'S

En la tienda del optometrista

optometrist	broken glasses	lens	*(freim)* frame
optometrista	las gafas rotas	lente	montura o armadura
____________	____________	____________	____________

TOURIST — **The frame and one of the lenses are broken. Don't you see?**

OPTOMETRIST — **Very well. Calm** *(cam)* (cálmese) **down** *(daun)*. **You can sit down** (sentarse) **here. I can repair your glasses in a few** *(fyu)* (pocos) **minutes if you have the prescription** *(pre-SKRIP-chen)* (receta) **for the lenses.**

TOURIST — **Unfortunately** *(on-FOR-chu-net-li)* (desgraciadamente)**, I don't have the prescription.**

OPTOMETRIST — **Then, I am sorry, but I cannot help you** (ayudarlo)**. Don't you have other eyeglasses** *(AI-gles-es)* **or contact lenses?**

TOURIST — **Other glasses, no — but I do have a contact lens. But** (pero) **only one lens!**

OPTOMETRIST — **Then you can put the contact lens on one eye** (ojo) **and close the other eye! That way you will see well.**

ESSENTIAL SERVICES

Servicios Esenciales

25 The Bank

El banco

En el dinero americano, 100 **cents** (pesetas) = 1 **dollar** (dólar).

En los Estados Unidos, los billetes más comunes son $1, $5, $10, $20, $50, y $100. Hay más grandes denominaciones, pero son usados muy poco. Tenga cuidado, porque todos los billetes son igual en medida y color. Es importante mirar el valor del billete.

PETER **When I buy things, I always give the clerk a bill, and he gives me change. Now I have all these coins, and I don't know how much money I have!**

PAUL **Well, let's count the coins. Then you will know.**

PETER **These big silver ones are quarters. I know them, because you use them in the telephones.**

(koinz) *(bilz)*

Coins and bills

monedas billetes

(sent) *(PE-ni)* **cent** o **penny**	=	**1 cent**
(NI-kel) **nickel**	=	**5 cents**
(daim) **dime**	=	**10 cents**
(QUAR-ter) **quarter**	=	**25 cents**
(DA-ler) **dollar**	=	**100 cents**

PAUL **Four quarters equal one dollar. You have eighteen quarters, so you have four dollars and fifty cents there.**

PETER **These silver ones in the middle are nickels. They are worth five cents, right?**

PAUL **Right. You need twenty of them to equal one dollar. How many do you have?**

PETER **I have only fifteen of these. That is. . . seventy-five cents!**

PAUL **And what about the small silver coins?**

PETER **These are dimes. There are ten dimes in a dollar. I have twenty-six of them, so I have two dollars and sixty cents.**

PAUL **And finally, the pennies. How many of them do you have?**

PETER **The clerk always gives me lots of pennies in change. Let's see. . . I have forty-three pennies. That is forty-three cents.**

PAUL **Now, if we add it all together, you have eight dollars and twenty-eight cents.**

PETER **Let's take it to the bank and ask for bills instead. This change is too heavy!**

THE BANK, CURRENCY EXCHANGE, TRAVELERS' CHECKS

El banco, el cambio, los cheques de viajero

Aquí están las palabras que usted debe saber para cualquier cosa que usted tenga que hacer en el banco. Trate de escribirlas y después dígalas en voz alta.

People and Things

Gente y cosas

travelers' checks
cheques de viajero

bank employee
empleado de banco

cash
contante

teller's window
caja

teller
cajero

money
dinero

(di-PA-sit)
deposit slip
boleta de depósito

(uit-DRO-ual)
withdrawal slip
boleta de retiro

loan
préstamo

manager
gerente

checkbook
libreta

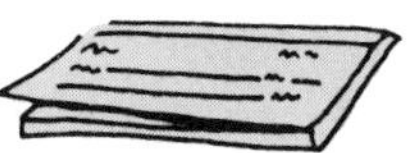

bank
banco

Cómo . . .

How to . . .

(ex-CHENCH)
exchange
cambiar

(reit)
rate of exchange
tasa del cambio

pay
pagar

cash a check
cobrar un cheque

deposit
depositar

withdraw
retirar

open an account
abrir una cuenta

(sain)
sign
firmar

Vea si puede recordar estas cosas útiles. Compruebe las palabras apropiadas que describen los siguientes grabados:

1. the money
the cashier's window

2. the checkbook
the cash

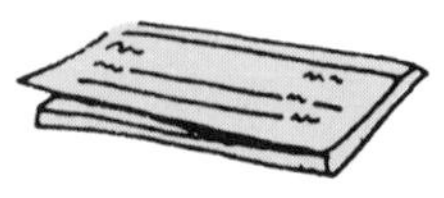

RESPUESTAS

1. the cashier's window **2.** the checkbook

3. the manager
the bankbook

____

4. the teller
the manager

____

5. the deposit slip
the withdrawal slip

____

6. the cash
the travelers' check

____

Trate de completar las siguientes oraciones:

1. I would like to ___________ (cambiar) Mexican pesos.
2. I would like to ___________ (cobrar) a check.
3. I would like to ___________ (retirar) fifteen thousand dollars.
4. I would like to ___________ (depositar) eighty dollars.

Ahora lea varias veces la siguiente conversación en voz alta. Puede ser útil cuando necesite cobrar algunos cheques de viajero. Recuerde, hágalo en un banco y ahorre algún dinero.

Mr. and Mrs. López go into a bank because they want to exchange some travelers' checks for (por) dollars.

MR. LOPEZ **Good morning, sir. My wife and I have just arrived in New York. We**
acabamos de llegar

need to exchange some travelers' checks. We are going to have a

(NAIT-klub)

good time at a nightclub tonight.
divertirnos esta noche

RESPUESTAS

3. The bankbook **4.** the teller **5.** the deposit slip **6.** the travelers' checks

1. exchange **2.** cash **3.** withdraw **4.** deposit

TELLER **I need to see your passport.**

MR. LOPEZ **Why?**

TELLER **To identify you.**
identificarlo

MR. LOPEZ **I would like to exchange 3000 pesetas. What is the rate today?**
cuál

TELLER **I don't know, sir, but I will ask the manager. He will know.**

MR. LOPEZ **Can you exchange the checks?**

TELLER **Well, since I don't know the rate of exchange, I don't**
tasa de cambio

know whether we have enough money in the bank!
si tenemos

Ahora, llene las partes que faltan del diálogo anterior.
¿Tiene que echar una mirada rápida?

Good morning, sir. My wife and I ____________ arrived in New York.

We need ____________ some ______________ checks. We are going to

___________ at a ____________ club tonight.

I need _______________ your passport.

Why?

To ______________ you.

I would like to exchange 3000 pesetas! What is the ___________ today?

I don't know, sir, but I will ask the ______________ . He will know it.

Can you exchange the ______________?

I don't know if we have ______________ money in the bank.

Mr. López has just arrived at the bank. He wants to deposit a $500 check in his account.
cuenta

Then he wants to exchange 20,000 pesetas for dollars. The teller gives him a deposit slip,

which he has to sign.
que

¿Puede escoger las contestaciones correctas a continuación?

1. Who has just arrived at the bank? — the teller, Mr. López

2. What does Mr. López want to do? — deposit money, withdraw money

3. What else does he want to do? — deposit 20,000 pesetas, exchange 20,000 pesetas

4. What does the teller give him? — a check, a deposit slip

5. What does Mr. López have to do? — sign it, leave

RESPUESTAS

1. Mr. López **2.** deposit money **3.** exchange 20,000 pesetas **4.** a deposit slip **5.** sign it

How do we say “have (has) just done something”?

¿Cómo decimos “acabar de hacer algo”?

TO HAVE + JUST + PARTICIPIO PASADO

Ejemplo: **I have just arrived.**
Yo acabo de llegar.

She has just eaten.
Ella acaba de comer.

Usando este modelo, ¿puede escribir lo siguiente en inglés?

Acabo de venir. ______________________________

Acabamos de comprar una casa. ______________________________

Ella acaba de salir. ______________________________

Ustedes acaban de hablar. ______________________________

RESPUESTAS

I have just come. We have just bought a house. She has just left. You have just spoken.

26 The Post Office

El correo

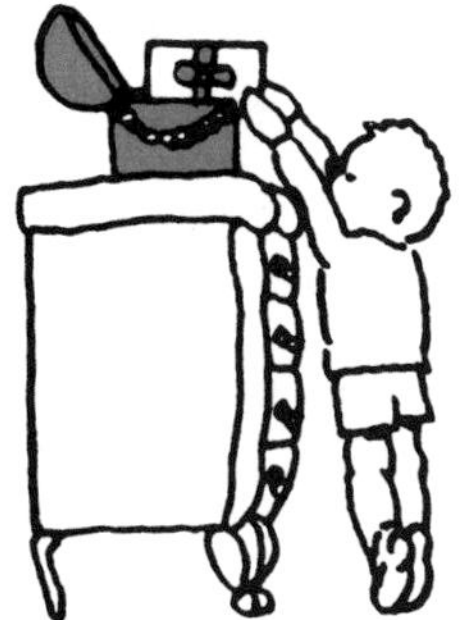

(em-BI-chon) (laif) (MEL-man) (pri-TENDS)
Joseph has a great ambition in life. He wants to be a mailman. Every day Joseph pretends
vida cartero finge

he is a mailman, but he has no letters to deliver. One day Joseph goes to his older sister's
mayor

(streinch)
bedroom and he opens a big box full of strange things. There is a package of letters in the
abre caja curiosas cosas

(YU-ni-form)
box. He takes them and he goes into the street in his mailman's uniform. He goes from
de

(dor)
door to door and he leaves one of the letters at each neighbor's house. When he
deja

(ril)
returns home he tells his sister that he feels like a real mailman now.

He explains to her that today all the neighbors have an interesting letter
explica

from her box. "But, how could you do that?" asks his sister.

(lov)
"They are love letters that my
amor

(BOY-frend)
boyfriend Ralph writes to me!"
novio

Las cartas entre los Estados Unidos y Europa o Sudamérica siempre deben ser enviadas por correo aéreo. De otra forma, demorarán mucho en llegar. Hasta con servicio aéreo usted debe calcular que las tarjetas y las cartas demorarán cerca de dos semanas en llegar. Para el turista que está de viaje, es inteligente escoger una o dos ciudades importantes como base de operaciones, por ejemplo, New York y Chicago.

Para comunicaciones de emergencia a su casa, puede enviar un telegrama, pero lo más rápido y seguro es llamar por teléfono. Las tarifas ciertos días y a ciertas horas son económicas y no tiene que preocuparse con demora o pérdida del telegrama.

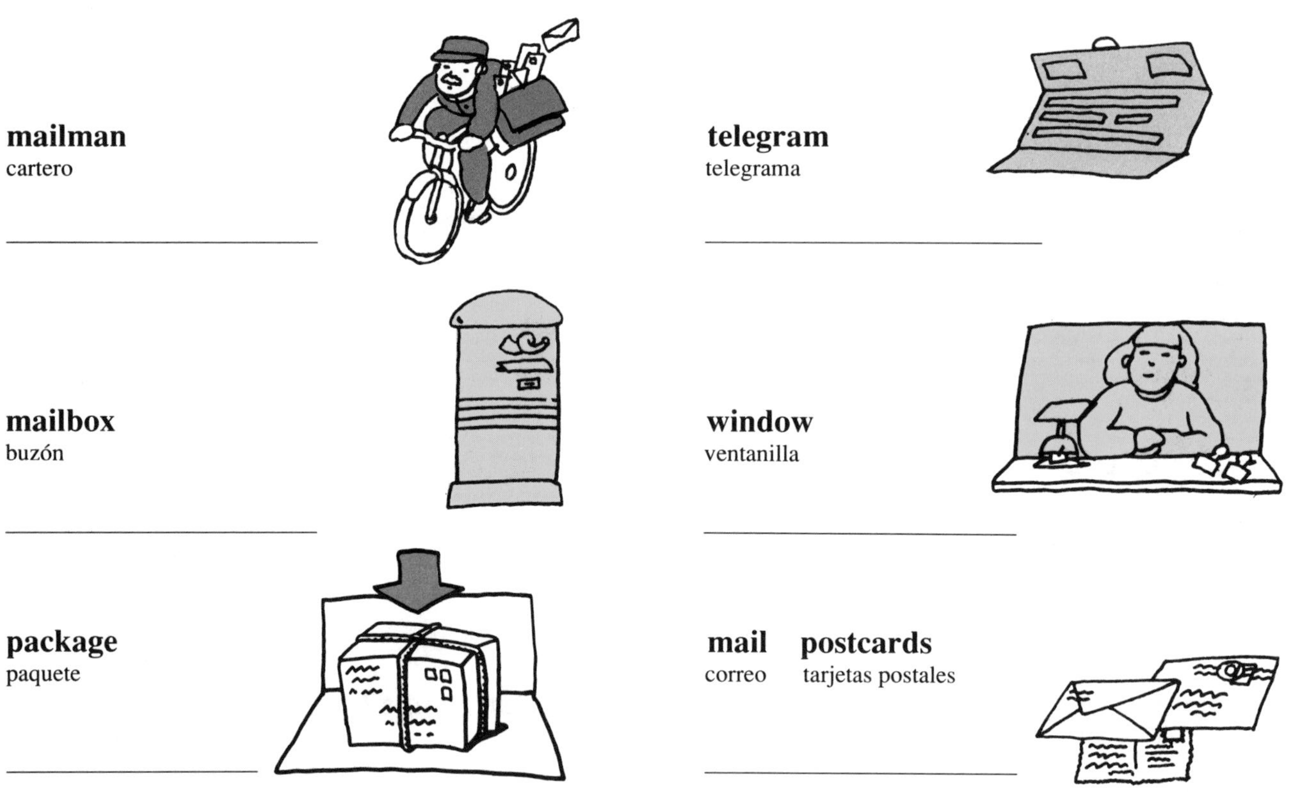

Alfredo quiere enviar un paquete a España desde New York.
Julia lo lleva a la oficina de correos principal en la Octava avenida y calle 32 en New York.

ALFREDO **The package does not weigh** *(uei)* **much, but it is very big, Are they going to charge** *(charch)* **me** (cobrarme) **a lot of money to send it** (mandarlo)**?**

JULIA **You are sending it by airmail, aren't you?**

ALFREDO **No.**

JULIA **Then, it is not going to cost you too much, but it is not going to** *(a-RAIV)* **arrive very soon!**

ALFREDO **When will it arrive?**

JULIA **In six weeks, more or less.**
más o menos

ALFREDO **But it is a** *(UED-ing)* **wedding gift for my sister and she is**
boda

getting married in two weeks!
se casa

JULIA **What kind of gift is it?**

ALFREDO **It is a** *(chok)* **joke. It is a package of** *(DAI-pers)* **diapers ... I want**
broma

to be an uncle very soon!

JULIA (laughing) **Don't** *(UA-ri)* **worry. I think that your package will get there with** *(PLEN-ti)* **plenty of time**

time to *(sper)* **spare.**
tiempo de sobra

Después que usted haya leído la conversación anterior varias veces, vea si puede llenar los espacios en blanco con las palabras que faltan:

The ___________ doesn't ___________ too much, but it is very big. Are they going to charge me a lot to ___________?

Are you going to send it by ___________?

No.

Then it is not going to cost you __________, but it is not going to arrive very ___________.

___________ is it going to arrive?

In six weeks ___________ or ___________.

But it is a ___________ gift for my sister and she is ___________ ___________ in two ___________.

What ___________ of gift is it?

It is a __________. They are diapers ... I want to be an ___________ very soon.

Don't ____________. I think that your package is going to be there with time to __________.

Alfredo and Julia enter the post office and they go to the window to mail packages.

ALFREDO (al empleado de correo) **I would like to send this package by ship** *(chip)* barco **to Spain and I don't want to insure it.**

EMPLOYEE **First you have to fill out** llenar **this form.** formulario **Write your first name, last name and your address.**

(The employee weighs the package on the scale balanza *and Alfredo pays the postage* *(PO-stech)* franqueo*).*

ALFREDO **Can you sell me some airmail stamps?**

EMPLOYEE **Yes, of course.**

JULIA **Are you sending postcards to your friends in Spain?**

ALFREDO **I am going to do that later.** *(LEI-ter)* después **First I want to see if there are letters in my post office box.** casilla **I am waiting for a very important letter. If I am going to stay** quedarme **here longer, I need a check from my father!**

¿Puede contestar estas preguntas después de haber leído la conversación anterior varias veces?

1. En el correo, ¿adónde lleva los paquetes para ser enviados?
   To the ______________________________.

2. ¿Qué dice si no quiere enviar el paquete por correo aéreo?
   I want to mail this package by ______________________.

3. ¿Qué necesita llenar para enviar un paquete?
   A ______________________________.

RESPUESTAS

1. package window **2.** ship **3.** form

Tache la palabra o expresión que no pertenece a cada grupo:

1. letters, postcard, package, office

2. mailman, bank, mailbox, post office

3. cash, coins, postcard, bills

4. dimes, quarters, nickels, stamps

5. mailman, stamps, teller, mail

¿Puede contestar estas preguntas?

1. Where do you buy stamps? At the ____________________________

2. Where do you cash travelers checks? At the ________________________

3. Where do you mail letters? In a ____________________________

How we say to try to do something

¿Cómo decimos "tratar de hacer algo"?

To try = tratar de

I try	we try
you try	you try
he *(traiz)* she tries it	they try

TO TRY + INFINITIVO DEL OTRO VERBO

Ejemplo: *(TRAI-ing)*
I am trying to learn a lot of English.
Trato de aprender mucho inglés.

We try to understand the lesson.
Tratamos de entender la lección.

Nota: La tercera persona singular termina con *-ies*

RESPUESTAS

1. office **2.** bank **3.** postcard **4.** stamps **5.** teller **Preguntas: 1.** post office **2.** bank **3.** mail box

¿Puede leer las siguientes oraciones y comprenderlas? ¡Haga una prueba!

Try to do it!
They try to drink a lot of water.
Ralph tries to ask a question.
We always try to tell the truth.
verdad
I try to arrive early.

¿Puede contestar las siguientes preguntas con oraciones completas en inglés? Escriba las respuestas y dígalas en voz alta:

1. Do you always try to tell the truth?

______________________________.

2. Do you try to go to bed early?

______________________________.

3. Does she try to learn English?

______________________________.

Y ¿puede contestar estas preguntas con oraciones negativas en inglés?

1. Do you study German?

____

2. Do you get up at six o'clock?

____

3. Do you eat steak and potatoes for breakfast?

____

RESPUESTAS

1. Yes, I always try to tell the truth.
2. Yes, I try to go to bed early. **3.** Yes, she tries to learn English.
Oraciones negativas: 1. No, I don't study German. **2.** No, I don't get up at six o'clock.
3. No, I don't eat steak and potatoes for breakfast.

27 Telephone Service
Servicio telefónico

HELLO
Diga

En los Estados Unidos usted puede oír **Hello** y **Yes** para "Hola." Ensaye escribiendo y diciendo en voz alta las siguientes palabras y expresiones que puede necesitar cuando use el teléfono.

to dial
marcar un número

____

busy
está ocupada

____

I can't hear.
no oigo bien

____

operator
telefonista

____

(jeng)
to hang up
colgar

____

public telephone
teléfono público

____

call
llamada

____

a local call
llamada local

____

long distance call
llamada de larga distancia

____

person-to-person
de persona a persona

____

(TE-le-fon)
telephone
teléfono

____

(rong)
wrong number
número equivocado

____

(ko-LEKT)
collect call
cobrar al número llamado

____

(di-REK-to-ri)
telephone directory
guía telefónica

____

directory assistance
guía de ayuda

____

telephone booth
cabina telefónica

Juan and Ana would like to visit their relatives in New York. First, Juan has to call them on the phone.
(fon) llamarlos

JUAN *(a un transeúnte en la calle)* **Can you tell me where I can find a public telephone?**
(PAB-lik)

PASSERBY (transeúnte) **There is a telephone booth on the next corner.**

JUAN *(a Ana)* **I am going to get change in this bar.**
(chench) buscar

They both go to the telephone booth and Juan gets on the phone. He dials "0" for the operator, talks to her, and places some coins in the slot. The operator connects him with his uncle's house.
(PLEI-ces)

UNCLE **Hello...**

JUAN **Uncle Joseph, it's me, Juan.**
soy yo

UNCLE **Hello, Juan. Are you in New York again?**

JUAN **Yes, uncle. Ana and I are coming to your house this afternoon.**

UNCLE **Very well. Aunt Josephine and I are going to be here all afternoon.**

JUAN **Fine, uncle. See you soon!**
hasta pronto

En New York y en casi todas las ciudades de los Estados Unidos usted puede hacer una llamada al extranjero con toda facilidad, sin tener que ir a ningún lugar especial. Podrá hacer llamadas directamente desde su habitación con la ayuda de la telefonista del hotel, pero a veces esto es mucho más caro. Si quiere ahorrar dinero, puede usar el teléfono público y marcar el número usted mismo. Recuerde tener muchas monedas si quiere charlar un rato.

Haga un círculo en las palabras o expresiones correctas para completar las siguientes oraciones:

1. Juan wants — to dial / to write to his uncle / to make a phone call
2. Juan can't — hear / see / open the door
3. Before hanging up the receiver, Juan says — "Good afternoon" / "Hello" / "See you soon"
4. Juan places the coins in the — slot / washing machine / door
5. Juan calls from (desde) — the hotel / a telephone booth / his house
6. After talking to his uncle, — Juan dials the number / hangs up the receiver / goes to sleep

Tag questions

Otra forma de hacer preguntas en inglés es añadir un "**tag**" con el verbo **to be** y el sujeto al final de la oración. Si la oración es afirmativa, usted usa **not** en el tag. Si la oración es negativa no hay **not** en el tag.

Por ejemplo:

He is late, isn't he?	**He's not late, is he?**
La pregunta será contestada: **Yes, he is.**	La pregunta será contestada: **No, he's not.**

Algunos ejemplos más:

These are expensive, aren't they?
You aren't hungry, are you?
We aren't late, are we?

RESPUESTAS

1. to make a phone call **2.** open the door
3. "See you soon" **4.** slot **5.** a telephone booth **6.** hangs up the receiver

¿Puede contestar las preguntas a continuación?

1. ¿Quién es la persona que le ayuda a hacer la llamada?

   the ________________.

2. ¿Qué palabra describe una llamada a un lugar fuera de la ciudad?

   a ____________________ call.

3. ¿Cuál es el nombre del libro que usted consulta para encontrar un número telefónico?

   the __________________.

4. Cuando una persona equivocada contesta su llamada, ¿qué ha conseguido usted?

   a ___________________.

5. ¿Dónde puede hacer una llamada telefónica desde la calle?

   in the _______________.

6. Cuando su teléfono suena y usted levanta el receptor, ¿qué dice usted primero?

   h __________________.

7. Cuando usted no tiene un céntimo y quiere que la persona al otro lado de la línea pague la cuenta, ¿qué debe decirle a la telefonista?

   I want to make a ___________________ call.

8. ¿Cómo describe la situación cuando la línea está ocupada?

   It's _______________.

9. Después de tomar el receptor y poner las monedas en la ranura, ¿qué es lo próximo que tiene que hacer para conseguir a la persona que está llamando?

   I have to _______________________________________.

10. Si usted está haciendo un llamada de larga distancia y quiere hablar solamente con una persona específica, ¿qué clase de llamada debe hacer?

    A ________________________ call.

RESPUESTAS

1. operator **2.** long distance **3.** telephone directory
4. wrong number **5.** telephone booth **6.** Hello
7. collect **8.** busy **9.** dial the number **10.** person-to-person

Pruebe a contestar las siguientes preguntas en voz alta:

1. Do you read many news magazines?
   noticias

2. Do you remember your first teacher's name?
   maestra

3. How many times a week do you read the newspaper?
   por

4. Do you remember the new words about the telephone?
   palabras sobre

Vea cuántas palabras puede encontrar a continuación. Haga un círculo a cada una. Hay 6 además de la que le hemos dado.

F	E	T	E	L	E	P	H	O	N	E	Z	T	R
U	M	O	V	L	S	V	C	T	U	N	E	R	O
X	W	V	L	A	O	N	S	U	M	D	I	A	L
C	A	L	L	V	P	V	A	F	B	Z	L	O	P
C	R	N	T	L	E	K	L	C	E	V	A	E	T
H	V	A	E	T	R	Z	I	N	R	S	T	X	D
A	S	T	X	Z	A	L	T	X	M	W	L	A	V
R	U	R	U	D	T	D	M	E	A	S	H	G	M
G	L	S	V	K	O	C	S	B	O	O	T	H	R
E	M	P	B	X	R	N	U	D	K	V	L	O	Q

RESPUESTAS

dial, call, booth, charge, number, operator

28 The Doctor, Dentist, and Hospital

(DAK-tor) (DEN-tist) (JOS-pi-tal)

El médico, el dentista y el hospital

A CHECKUP

examen médico

John and Frank tienen una gran ambición: hacerse médicos. Ellos empiezan temprano a prepararse para su profesión, preguntándose cada uno las partes del cuerpo.

(jed)
head

JOHN **How many heads are there on the body (BA-di) cuerpo?**

FRANK **Don't be silly (CI-li) tonto! There is only one.**

(noz)
nose

JOHN **What do you find on your face?**

FRANK **Well, you have your nose nariz, your mouth (maut') boca, and your eyes ojos, and above your eyes (eiz) you have your eyebrows (AI-braus) cejas.**

(feis)
face

JOHN **And now, tell me if you know, what do you have in your mouth?**

FRANK **You have your tongue (tang) lengua and teeth (tit') dientes.**

JOHN **How many teeth are there in your mouth?**

FRANK **Normally, there are thirty-two teeth in your mouth.**

(irz)
ears

JOHN (bi-TUIN) **What do you have between your head and your body?**

FRANK **You have your neck** (nek) (cuello)**. Now, how many arms do you have?**

JOHN **An easy question: two.** (fácil)

FRANK **What do you use to write?** (escribir)

JOHN **You use your hand** (jend) (mano) **and fingers** (FIN-guerz) (dedos)**.**

FRANK **How many fingers do you have on both hands?**

JOHN **You have ten fingers.**

FRANK **What do you use to walk?** (caminar)

JOHN **You use your legs** (piernas) **and feet** (pies)**.**

FRANK **John, we really** (RI-li) **know a lot!**

(nek)
neck
el cuello

(armz)
arms
los brazos

(jendz)
hands
las manos

(FIN-guerz)
fingers
los dedos

(legz)
legs
las piernas

(fit)
feet
los pies

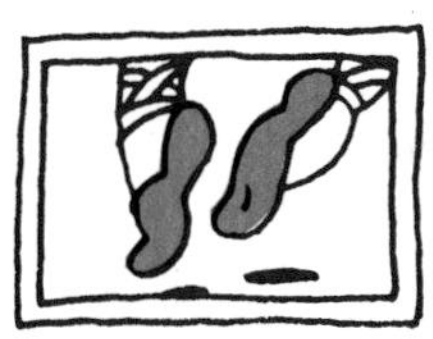

(jer)
hair
el pelo

(eiz)
eyes
los ojos

(maut')
mouth
la boca

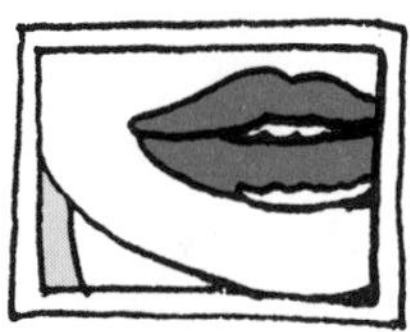

(CHOL-ders)
shoulders
los hombros

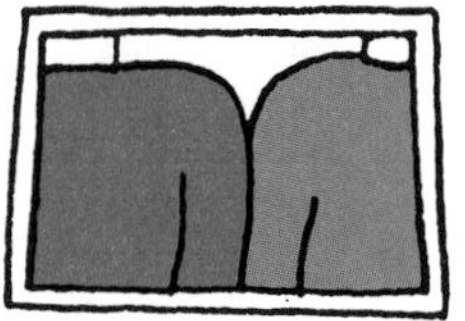

(MOS-tech)
mustache
el bigote

eyebrows
las cejas

(chiks)
cheeks
las mejillas

(EL-bos)
elbows
los codos

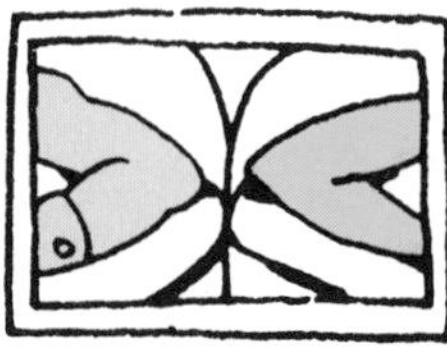

chest
el pecho

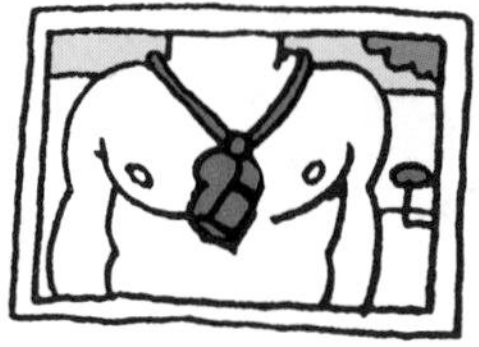

(AI-lids)
eyelids
los párpados

(FOR-jed)
forehead
la frente

(toz)
toes
los dedos de los pies

(be-JAIND)
behind
el trasero

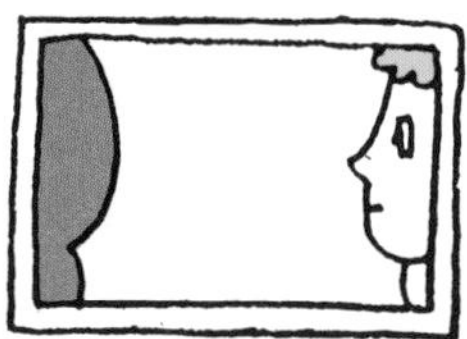

(niz)
knees
las rodillas

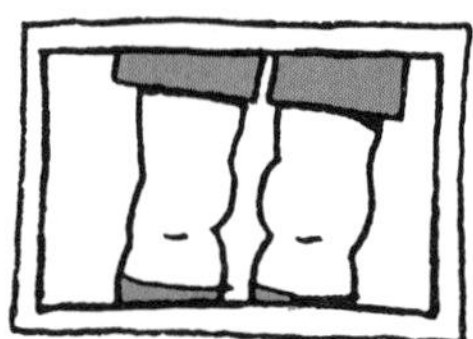

back
la espalda

(tit')
teeth
los dientes

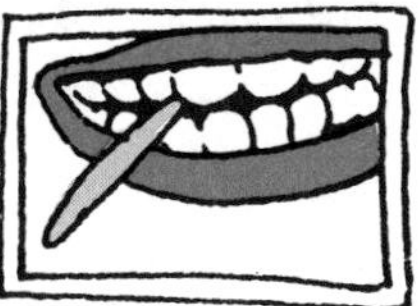

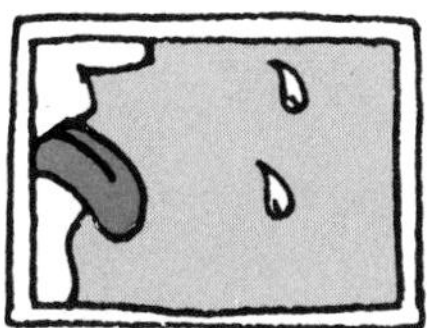

(tang)
tongue
la lengua

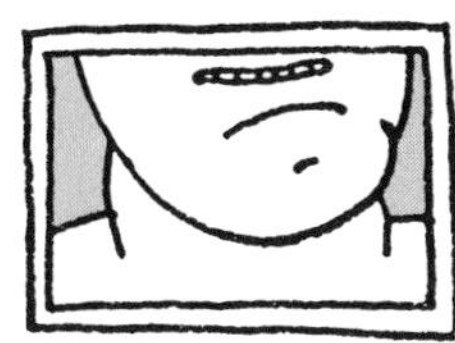

(chin)
chin
la barba o la barbilla

(AI-lech-ez)
eyelashes
las pestañas

Nota: En español, con las partes del cuerpo usamos los artículos: *el*, *la*, *los*, y *las*, pero en inglés se usan los adjetivos posesivos *my*, *your*, *his*, etc.

Haga un círculo en las palabras correctas para completar las oraciones a continuación.

1. The man has (ten, two, one) head.

2. (We see, we hear, we run) with the eyes.

3. The ears are (in front of, behind, on the sides of) the head.

4. The nose is on the (face, the hand, the feet).

5. The hands are at the ends of (the legs, the arms, the fingers).

6. We wear shoes on (the hands, the ears, the feet).

RESPUESTAS

1. one **2.** we see **3.** on the sides of **4.** face **5.** the arms **6.** the feet

Haga una línea entre las palabras que tengan relación en ambas columnas:

1. chest	a. la frente
2. back	b. los párpados
3. your toes	c. la barba
4. forehead	d. los hombros
5. what you sit on	e. los codos
6. shoulders	f. la espalda
7. eyelids	g. el pecho
8. knees	h. el trasero
9. elbows	i. las rodillas
10. chin	j. los dedos del pie

Where do women put blush? on their ______________________________

Where do women put mascara? on their ____________________________

RESPUESTAS

1. g **2.** f **3.** j **4.** a **5.** h **6.** d **7.** b **8.** i **9.** e **10.** c cheeks, eyelashes

Whose?

Cuando hablamos del cuerpo en inglés, usamos los pronombres posesivos:
my, your, his, her, our, their.

Por ejemplo: **I comb my hair.**

His foot hurts.

They wash their hands.

¿Puede traducir estas oraciones?

1. Tengo un dolor de garganta.

____.

2. Pedro se limpia los dientes.

____.

3. María se lava el pelo.

____.

4. Tiene un dolor de pie.

____.

¿Puede contestar estas preguntas?

1. Do your feet hurt when your shoes are too small?
2. Do you wear your hair very short?
3. Do you put your hat on your head?

RESPUESTAS

1. My throat is sore. (I have a sore throat.) **2.** Peter cleans his teeth. **3.** Mary washes her hair. **4.** His feet hurt.

OPEN WIDE
Abra bien

(EX-rai)
X-ray
la radiografía

filling
el empaste

(FIL-ings) *(FO-len)*
one of my fillings has fallen out
se me ha saltado un empaste

(KA-ve-ti)
to fill a cavity
empastar una carie

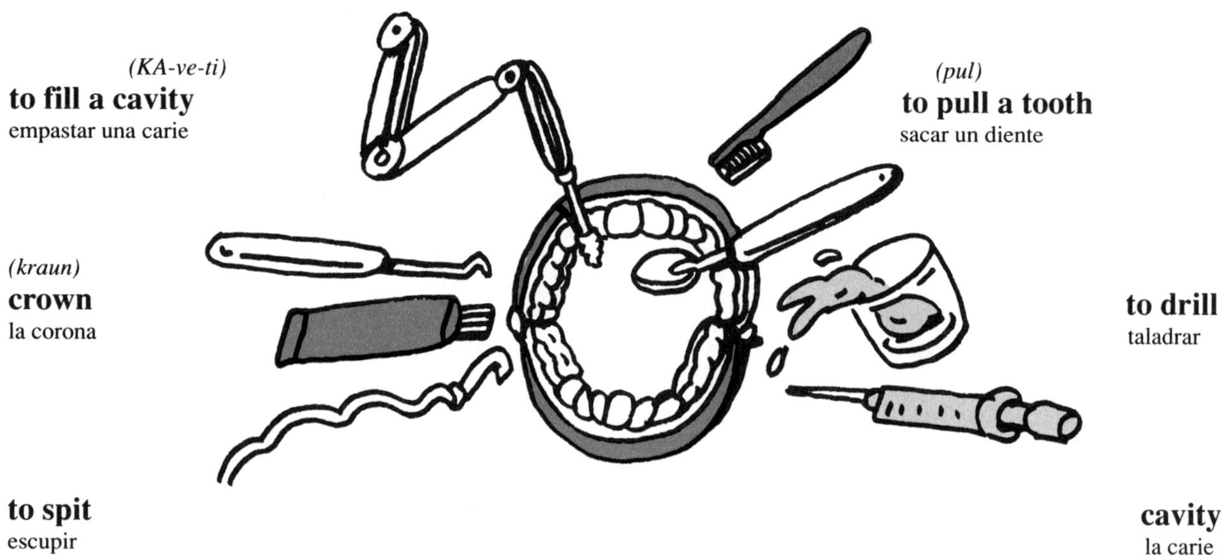

(pul)
to pull a tooth
sacar un diente

(kraun)
crown
la corona

to drill
taladrar

to spit
escupir

cavity
la carie

Dental Expressions
Expresiones dentales

local anesthesia
anestesia local

to clean the teeth
limpiar los dientes

(brich)
bridge
el puente dental

THE DENTIST
El dentista

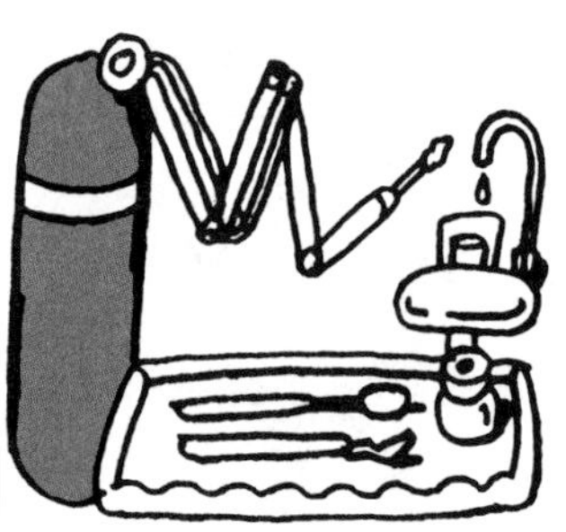

Theresa has a toothache. She makes an appointment with the dentist for
dolor de muela · hace una cita

two o'clock in theafternoon.

RECEPTIONIST **Good afternoon, madam. Do you have an appointment with the dentist?**

THERESA **Yes, at two o'clock. My name is Theresa Martínez.**

RECEPTIONIST **Dr. Ferguson will take care of you right away.**
(rait) (a-UEI) — atenderá; en seguida

DENTIST **Miss Martínez, come in. What is your problem?**

THERESA **I have a bad toothache.**

DENTIST **Do you have any cavities? Do you brush your teeth every day? Sit down, please. Do you floss your teeth? Where does it hurt?**
hilo; duele

THERESA **On the right and towards the back.**
(tords) — atrás

DENTIST **Open your mouth, please. I am going to see. But, Theresa, this is incredible! You have dentures.**
(DEN-churs) — dentadura postiza

THERESA **Oh, yes. I keep forgetting! How much do I owe you?**
(for-GUET-ing)

DENTIST **Seventy dollars for the consultation.**
(kon-sul-TEI-chon) — consulta

My head hurts

Me duele la cabeza

Cuando le duele algo, en inglés decimos **Something hurts.**

Por ejemplo, decimos:

My throat hurts. (Me duele la garganta.)

Mary's knees hurt. (A María le duelen las rodillas.)

Does your head hurt? (¿Le duele la cabeza?)

SAY "AAH..."

Diga "Aah..."

Medical Expressions

Expresiones médicas

(JI-sto-ri)
medical history
los antecedentes médicos

(SPE-cha-list)
specialist
el especialista

(CHEN-er-al) (prak-TI-chon-er)
general practitioner
el médico general

(PEI-chent)
patient
el paciente

to stick out your tongue
sacar la lengua

(PRE-cher)
blood pressure
la tensión (la presión) arterial

weight
el peso

(YU-rin) (SEM-pel)
urine sample
la muestra de orina

blood count
el análisis de sangre

surgeon
el cirujano

(IL-nes)
illness
la enfermedad

(MEI-cher) (SER-che-ri)
major surgery
la cirugía mayor

(blad) (trens-FYU-chon)
blood transfusion
la transfusión de sangre

anesthesia
la anestesia

(MAI-ner)
minor surgery
la cirugía menor

(helt') (in-CHU-rens)
health insurance
el seguro médico

(ap-er-EI-chon)
operation
la operación

recuperation
la recuperación

(me-di-KAI-chon)
medication
el medicamento

(in-CHEK-chon)
injection
la inyección

(ri-KU-per-eit)
to recuperate
recuperarse

medical records
los antecedentes médicos

____

(pre-SKRIP-chon)
prescription
la receta

____

blood *(gueich)*
pressure gauge
el esfigmómetro

____

thermometer
el termómetro

____

Practique escribiendo y diciendo en voz alta las siguientes oraciones:

I need a general practitioner. ______________________.

(in-FEK-chon)
I have an infection in my throat. ______________________.

I can't breathe well. ______________________.
respirar

(STA-fi)
I have a stuffy nose. ______________________.
tapada nariz

(chils) *(FI-ver)*
Doctor, I have chills and a fever. ______________________.
escalofríos

(cof)
I cough a lot. ______________________.
toso

(pein)
I have pain in my chest when I breathe. ______________________________.

I have a sore throat. ____.

I am allergic to penicillin. ____.

(cof)
Will you prescribe something for my cough? ___________________________.
recetarme tos

Conteste las siguientes preguntas, por favor.

1. Do you sit down when your feet hurt?

2. Do you sit down when you eat?

(uach) (ti-VI)
3. Do you sit down to watch TV?

4. Can you walk when you are seated?

RESPUESTAS

1. Yes, I sit down when my feet hurt. **2.** Yes, I sit down while I eat.
3. Yes, I sit down to watch TV. **4.** No, I can't walk when I am seated.

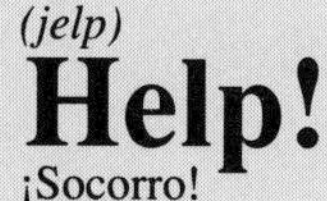

29 Help!

(jelp)
¡Socorro!

Esperemos que no le ocurran emergencias, pero si esto le pasa, estará preparado.

Note que en la siguiente conversación la esposa y el juez usan el tiempo presente, aunque ellos hablan de un hecho pasado. Como mencionamos anteriormente, esto se hace en inglés y en español para hacer la historia más real e interesante.

THE JUDGE **Did you break your husband's skull with the umbrella you are carrying in your hand?**
(breik) break: rompe

THE WIFE **Yes, Sir, but unintentionally.**
unintentionally: sin querer

THE JUDGE **An accident, eh?**
(AK-ci-dent)

THE WIFE **The accident is that I broke my umbrella.**
broke: rompo

TO CALL AN AMBULANCE

(col) *(EM-byu-lens)*
Para llamar una ambulancia

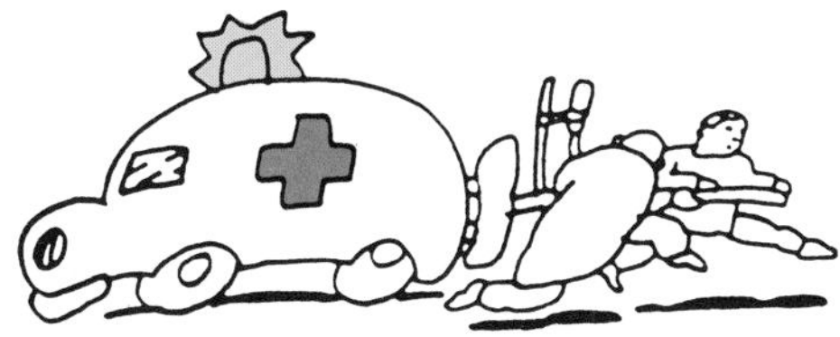

JOHN **I must be prepared for any emergency. If my wife suffers a heart attack and she has to go to the hospital, what do I have to do?**
(pri-PERD) prepared: preparado; *(i-MER-chen-si)*; suffers: sufre; *(a-TEK)* heart attack: ataque cardíaco

GEORGE **It is not difficult. The paramedics will take her to the hospital in an ambulance in a few minutes.**
paramedics: asistentes médicos; *(fyu)* *(MI-nuts)*

JOHN **Do they have oxygen in the ambulance?**
(AX-i-chen)

GEORGE *(KAR-di-ek) (ma-SACH)*
Of course. Also they can give her a cardiac massage and check
masaje cardíaco

(pols)
her pulse and blood pressure.

JOHN **Very well. Then I don't have to worry.**
preocuparme

GEORGE **Not at all.**
de ninguna manera

(po-LIS)
THE POLICE
policía

Cada ciudad importante tiene su propia policía. En las ciudades pequeñas, hay personas locales, que sirven como policía. También, especialmente en el camino, hay los **state police** (policía del estado) que pueden ayudarle si viaja por automóvil.

Si una emergencia ocurre, marque el número 911. Este número es para la policía y la ambulancia en caso de emergencia.

ANTES DE SALIR DE VIAJE

Before leaving on a trip

Ahora hemos llegado al paso final y más importante de nuestro aprendizaje, y usted debe estar preparado para arreglárselas solo (sin problemas) con una gran cantidad de situaciones diarias cuando esté viajando. Es hora de ver cómo sale usted de todo esto. ¿Cómo lo pasará en las siguientes situaciones? Vale la pena repasar cada lección del libro para refrescar la memoria. Ponga una señal en la casilla apropiada después de las alternativas siguientes.

(GUET-ing)

Situation 1: Getting to Know People

Para conocer a la gente

1. Es por la tarde y usted encuentra a alguien. ¿Qué dice usted para empezar una conversación?

   a. Good afternoon. ❑
   b. I will see you. ❑
   c. Good evening. ❑

2. Usted acaba de encontrarse con un amigo. ¿Qué dice usted?

   a. Say. ❑
   b. Hello. ❑
   c. What is your name? ❑

3. Alguien le pregunta "¿Cómo está?" ¿Cuáles son las dos que no pueden usarse en la contestación?

   a. I am an American. ❑
   b. At two o'clock in the afternoon. ❑
   c. Very well, thank you. ❑

RESPUESTAS

1: 1. a 2. b 3. a, b

Situation 2: Arrival

Llegada

1. Usted no tiene reservación en el hotel.

   a. How are you, sir? ❑
   b. I don't have a reservation. ❑
   c. I live in the United States. ❑

2. Usted quiere decir que necesita una habitación.

   a. I like the country. ❑
   b. I have just arrived. ❑
   c. I need a room. ❑

3. Usted quiere saber el precio de un cuarto.

   a. Where are the restrooms? ❑
   b. How much is the room? ❑
   c. Is it a big room? ❑

Situation 3: Seeing the Landmarks, Important Places

Visitando los puntos de interés

1. Usted está caminando y quiere encontrar una cierta calle:

   a. Where is the post office? ❑
   b. When is the next bus coming? ❑
   c. Where is this street? ❑

2. El transeúnte le dará varias direcciones tales como:

   a. I go to bed late. ❑
   b. Yesterday, today, tomorrow. ❑
   c. To the left, to the right, straight ahead. ❑

3. Usted acaba de subir al autobús y usted quiere preguntar dónde bajarse. Usted dice:

   a. How much is the fare, please? ❑
   b. Where do I get off for the museum? ❑
   c. Are you French? ❑

4. Usted detiene un taxi y antes de entrar en él, usted quiere saber cuánto costará ir hasta la avenida Park:

   a. Do you know where Park Avenue is? ❑
   b. Is Park Avenue very far away? ❑
   c. How much does it cost to go to Park Avenue? ❑

RESPUESTAS

2: 1. b 2. c 3. b 3: 1. c 2. c 3. b 4. c

5. Usted ha olvidado su reloj. Usted detiene a un transeúnte para preguntarle la hora. Usted dice:

   a. Do you have a schedule? ❑
   b. How is the weather? ❑
   c. What time is it? ❑

6. El transeúnte no contestaría:

   a. It is twenty minutes past two. ❑
   b. It is a quarter to one o'clock. ❑
   c. It costs a dime. ❑

7. Usted está en la estación del tren y quiere comprar un boleto. Usted dice:

   a. I want to learn English. ❑
   b. Where is Chicago? ❑
   c. I need to buy a ticket to New York. ❑

8. El empleado le dice que usted tiene que hacer un empalme. El dice:

   a. You have to make a connection. ❑
   b. It is very cold today. ❑
   c. The luggage is in the baggage car. ❑

9. Usted quiere decirle a alguien que es español y que habla poco inglés. Usted dice:

   a. I am Swiss and I speak German. ❑
   b. I am Spanish and I speak a little English. ❑
   c. My wife takes Italian lessons. ❑

10. Si alguien le preguntara qué nacionalidad tiene, ni él ni ella le diría:

   a. Are you Mexican? ❑
   b. Are you English? ❑
   c. Are you Spanish? ❑
   d. Are you tired? ❑
   e. Are you Japanese? ❑

11. Usted quiere alquilar un coche muy barato. Usted podría decir al empleado:

   a. I want to rent an expensive car. ❑
   b. I want to leave the car in another city. ❑
   c. I want to rent a cheap car. ❑

12. Usted quiere llenar el tanque de gasolina del coche. Usted podría decir:

   a. It costs a lot. ❑
   b. Fill up the tank, please. ❑
   c. Check the oil, please. ❑

13. Usted pregunta al empleado de un campamento sobre los servicios disponibles. Usted no diría:

   a. Do you have water? ❑
   b. Do you have a playground? ❑
   c. Do you have a map of the city? ❑

RESPUESTAS

5. c **6.** c **7.** c **8.** a **9.** b **10.** d **11.** c **12.** b **13.** c

14. Si usted le preguntara al empleado del campamento cuánto cuesta quedarse por día, ¿qué dos cosas no diría él?

a. Two miles. ❑
b. $15. ❑
c. A liter. ❑

15. Si alguien le preguntara qué tiempo hace en la primavera en un día agradable, usted no diría:

a. It is nice weather. ❑
b. It is raining. ❑
c. The sky is clear. ❑

16. Si hace frío, en un día invernal, usted no diría:

a. Is it snowing today? ❑
b. Is it hot today? ❑
c. Is it cold today? ❑

17. En el aeropuerto, usted podría oír esto por el altoparlante:

a. Flight #300 to New York is leaving at ten after four. ❑
b. Flight #300 to New York is interesting. ❑
c. Flight #300 to New York costs a lot. ❑

18. Para preguntar a un empleado de la línea aérea a qué hora sale su vuelo, usted diría:

a. What time is my flight leaving? ❑
b. Do you travel by car? ❑
c. When will flight #300 arrive? ❑

Usted deberá entender la siguiente historia. ¿Puede encontrar todos los nombres y pronombres posesivos?

MARY **Hi, Barbara! Where are you going?**

BARBARA **I'm going to Jane's house. Do you want to come?**

MARY **No, thanks, it's too far. Why don't you come to my house?**

BARBARA **Because I told Jane I'm going to hers!**

MARY **Well, let's call Tom and Ed and go to their house!**

BARBARA **Good idea! Instead of going to your house, we'll meet at theirs!**

RESPUESTAS

Jane's, my, hers, their, your, theirs

14. a, c **15.** b **16.** b **17.** a **18.** a

Recuerde este cuento. Más tarde vamos a usarlo de nuevo. (Es muy interesante, ¿no?)

Situation 4: Entertainment

Diversiones

1. Usted va a una diversión nocturna. ¿Cuál de las siguientes oraciones sería mejor?
   - a. We go to the beauty shop. ❑
   - b. We go to the pharmacy. ❑
   - c. We go to the theatre. ❑

2. Si alguien le pregunta cuál es su deporte favorito, ¿qué contestación no diría?
   - a. I like bicycling. ❑
   - b. I like to travel. ❑
   - c. I like to swim. ❑

Situation 5: Ordering Food

Vamos a pedir comida

1. Usted quire preguntar dónde hay un buen lugar para comer. Usted podrá decir:
   - a. Where is there a shoe store? ❑
   - b. Where do you live? ❑
   - c. Where is there a good restaurant? ❑

2. Como una posible contestación a la pregunta anterior, usted no diría:
   - a. Could I get a soda at the bar? ❑
   - b. This restaurant is very good. ❑
   - c. At the next coner. ❑

3. Cuando un camarero le pregunta qué desea, él debe decir:
   - a. What would you like, sir (madam)? ❑
   - b. May I bring you the bill? ❑
   - c. I want roast chicken. ❑

4. Para ver el menú, usted diría:
   - a. Would you please bring the menu? ❑
   - b. What desserts do you serve? ❑
   - c. Do you need the menu? ❑

5. ¿Cuál de los siguientes no está relacionado con la comida?
   - a. to have dinner ❑
   - b. to have lunch ❑
   - c. to have breakfast ❑
   - d. to hear ❑
   - e. to have a snack ❑

RESPUESTAS

4: 1. c 2. b   5: 1. c 2. a 3. a 4. a 5. d

Situation 6: At the Store

En la tienda

1. Usted ha hecho una lista para el mercado, pero no hay ningún supermercado disponible en los alrededores. ¿Dónde conseguirá las cosas que usted desea? Trace una línea de los artículos a las tiendas que usted visitará.

1. milk	a. vegetable store
2. trout	b. liquor store
3. carrots	c. ice cream parlor
4. wine	d. dairy
5. bread	e. meat store
6. steak	f. fish store
7. ice cream	g. bakery

2. Usted va a una tienda de ropa de hombre. Trace una línea por los artículos que usted no encontraría allí.

   panties, shirts, neckties, slips, bras, underwear, belts, socks

3. Una de las siguientes listas no tiene relación con la ropa. Trace una línea por ella.

   a. a blue suit, a black jacket, a white shirt
   b. a cotton dress, a green blouse, pantyhose
   c. German, French, English

4. Tache la pregunta que usted no haría en un supermercado.

   a. How much is it?
   b. What size do you wear? What is your size?
   c. Do you have toilet paper?

RESPUESTAS

1. **1**.d **2**.f **3**.a **4**.b **5**.g **6**.e **7**.c **2.** panties, slips, bras
3.c **4**.b

5. ¿Cuáles de los artículos siguientes llevaría usted a una lavandería automática?

a. detergent ___________________
b. dirty clothes ________________
c. a flower ____________________
d. coins ______________________

6. Trace una línea de la palabra en español a su equivalente en inglés.

1. haircut	a. rubio
2. scissors	b. patillas
3. moustache	c. ondas
4. a wash and set	d. un corte de pelo
5. waves	e. peluquería
6. to shave	f. tijeras
7. blond	g. bigote
8. sideburns	h. un lavado y un peinado
9. beautician (hairdresser)	i. afeitar

RESPUESTAS

5. a, b, d
6. **1.** d **2.** f **3.** g **4.** h **5.** c **6.** i **7.** a
8. b **9.** e

7. Haga un círculo alrededor del lugar donde usted podría hacer cada pregunta.

a. Can you put a heel on this shoe? (watchmaker's shop, gift shop, shoemaker's shop)
b. Do you have cigarettes? (the tobacco store, the dry cleaner's, the stationery store)
c. How much is this magazine? (the post office, the bank, the newsstand)
d. Will you show me a gold ring? (the clothing store, the jewelry store, the subway)
e. Do you have any notepads? (the stationery store, the meat store, the bus stop)

¿Recuerda este cuento? Llene los espacios en blanco con las palabras que faltan.

MARY **Hi, Barbara! Where ______________ you going?**

BARBARA **I'm going to Jane's house. Do you want ______________ come?**

MARY **No, thanks, it's too far. Why ______________ you come to my house?**

BARBARA **Because I told Jane I'm going to ______________!**

MARY **Well, ______________ call Tom and Ed and go to their house!**

BARBARA **Good idea! Instead of going ______________ your house, we'll meet at theirs!**

RESPUESTAS

7. a. the shoemaker's b. the tobacco store
c. the newsstand d. the jewelry store
e. the stationery store

Espacios: are, to, don't, hers, let's, to

Situation 7: Essential Services

Servicios esenciales

1. Usted está en el banco y desea cambiar unos cheques de viajero. Usted debe decir:

   a. When does my flight leave? ❑
   b. Should I take an aspirin? ❑
   c. I would like to exchange these traveller's checks. ❑

2. Para depositar dinero, usted necesitará pedir:

   a. a withdrawal slip ❑
   b. a deposit slip ❑
   c. a checkbook ❑

3. Un empleado de banco no le preguntaría:

   a. Do you need a skirt? ❑
   b. Will you please sign this form? ❑
   c. Do you have your passport? ❑

4. Tache los artículos que usted no asociaría con el correo.

   eyeglasses, stamps, packages, postage, boots, booth, postcards, letters, desserts

5. Usted contesta una llamada telefónica con..

   a. How are you? ❑
   b. I'll see you. ❑
   c. Hello. ❑

RESPUESTAS

1. c 2. b 3. a 4. eyeglasses, boots, desserts 5. c

6. Si usted quiere hacer una llamada de larga distancia, usted dice:

a. I want to pay my bill.
b. Do I have to give a tip?
c. I want to make a long-distance call.

7. ¿Cuál de las oraciones siguientes no le preguntaría un doctor?

a. Do you smoke a great deal?
b. Do you have a sore throat?
c. What time does my train leave?

8. Tache la única oración a continuación que usted no usaría en caso de emergencia:

a. Call the police, please.
b. We need an ambulance.
c. I like to swim.
d. Help!

RESPUESTAS

6. c **7.** c **8.** c